DIE KATHEDRALE VON MALLORCA

Texte: P. Gabriel Llompart, Pilar Ortega, Joana Palou,
unter Mitarbeit von Josefa Terrasa

Fotos, Satz und Reproduktion:
gesamte Planung und Ausführung durch das Fachpersonal des Verlages
EDITORIAL ESCUDO DE ORO, S.A.

Alle Rechte vorbehalten
Vervielfältigung oder Übersetzung dieses Buches oder Teilen daraus nicht gestattet.

Copyright © dieser Auflage für Fotomaterial und Übersetzung:
EDITORIAL ESCUDO DE ORO, S.A.

Copyright © dieser Auflage für die Texte:
CABILDO CATEDRAL DE MALLORCA

1. Auflage, September 1993

I.S.B.N. 84-378-1598-3

Dep. Legal. 2154-1993

Editorial Escudo de Oro, S.A.

Vorwort

Mallorca ist stolz auf ihre Kathedrale. Zwischen dem königlichen Palast der Almudaina und dem Bischofspalast ragt sie wie ein riesiges Schiff aus Stein hinter den mittelalterlichen Stadtmauern hervor und spiegelt ihr imposantes Profil in den blauen Gewässern des Mittelmeers. Die Bucht von Palma beherrschend, scheint sie den Willkommensgruß und die Gastfreundschaft zu verkünden, die die Inselbewohner all denen entgegenbringen, die sich den Küsten der Stadt nähern, die von den Römern Palma und von den arabischen Invasoren Medina Mayurca genannt wurde.

Eindrucksvoll und bewundernswert stellt sie sich den Einheimischen und Fremden dar, wenn sie am Tage von der mediterranen Sonne sanft umhüllt wird und in der heiteren und magischen Stille der mallorquinischen Nacht im weißen Kleid des künstlichen Lichtes erscheint.

Jaume I, König von Aragonien, Graf von Barcelona und Freiherr von Montpellier wollte ein Königreich am Meer erobern, und so ließ er, nach mittelalterlichem Brauch, auf dem Platz der Moschee der Almudaina einen christlichen Tempel zu Ehren der Jungfrau Maria erbauen, der gleichzeitig Kathedrale und Pantheon für das Herrscherhaus des Königreiches Mallorca sein sollte.

Alle an ihrem Bau beteiligten Personen und Institutionen, wie Bischöfe von Mallorca, Domkapitel, gläubige Inselbewohner und Architekten - von Ponç Descoll, Sagrera bis Peyronnet und der geniale Gaudí - könnten mit berechtigtem Stolz ausrufen: «Monumentum exegi aere perennius». Wir haben ein Denkmal errichtet, das dauerhafter ist als Bronze.

Die Kathedrale von Mallorca ist eins der perfektesten und einzigartigsten Beispiele der mittelalterlichen Gotik. Alle kunstinteressierten Menschen und die Touristen, die Palma nicht verlassen wollen, ohne dieses Gedicht aus Stein und Licht bewundert zu haben, in dem der aufmerksame Beobachter die Synthese des historischen und künstlerischen Werdens Mallorcas entdecken kann, sollten auf jeden Fall diese Kathedrale besichtigen. Kunsthistoriker und Geschichtsschreiber informieren den Leser dieses Buches über den Bau dieser Kathedrale, der viele Jahrhunderte gedauert hat, und über die Kunstschätze, die dieser erste Tempel der Insel bewahrt.

Der Verlag Editorial Escudo de Oro bietet uns hier, als Fortsetzung seiner bisher so erfolgreichen Arbeit, eine großartige Auswahl an Texten und Bildern mit den besten und charakteristischsten Merkmalen unserer Kathedrale, die sich graziös und kühn mit ihren unglaublich anmutigen Säulen und Turmspitzen gen Himmel erhebt und die Menschen dazu einlädt, in das Geheimnis des Transzendentalen einzudringen. Der Leser hat hier ein Buch vorliegen, dessen Seiten dem wichtigsten kunsthistorischen Denkmal der größten Insel der Balearen gewidmet sind.

Francisco Suárez Yúfera
Dechant und Präsident des Domkapitels
Kathedrale von Mallorca

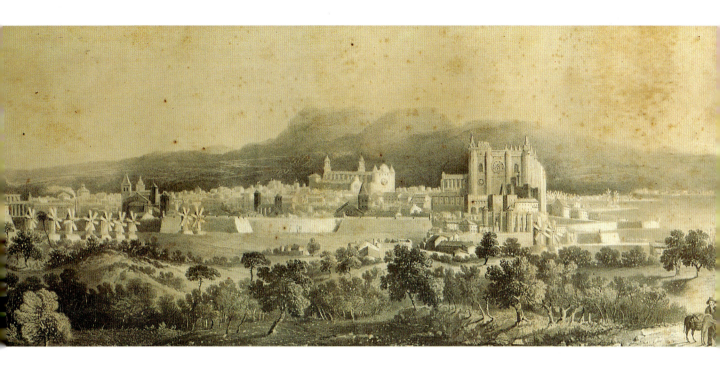

EINFÜHRUNG

Aufgrund ihres Charakters, ihres Inhalts und ihrer Lage ist die Kathedrale sicher das bezeichnendste, symbolhafteste und reichhaltigste Baudenkmal Mallorcas, in dem das geschichtliche und künstlerische Werden dieser Insel in unübertroffener Weise zusammengefaßt und veranschaulicht wird. Wuchtig und voller Schönheit beherrscht dieser überwältigende Sakralbau als unübersehbarer Bezugspunkt die Bucht von Palma und ruft bei allen Besuchern der Inselhauptstadt immer wieder bewunderndes Staunen und wißbegieriges Interesse hervor.

Unmittelbar am Meer erbaut, ist die Kathedrale Teil einer beeindruckenden historischen Stadtanlage, die als solche im Zeichen der Begegnung zwischen verschiedenen Völkern und Kulturen, von Markt und Handel, von Eroberungen und Krieg stand.

Vom Meer aus ergibt sich so der Blick auf die ehemaligen Stadtmauern aus dem 17. Jahrhundert, die damals an die Stelle der mittelalterlichen Stadtbefestigung traten und ganz Palma in ihren Schutz nahmen.

Auf dem Platz vor der Stirnseite der Kathedrale stehen der Bischofspalast - ein aus dem Mittelalter stammendes Bauwerk, das jedoch durch Renaissance, Barock und Jugendstil tiefgreifende Änderungen erfuhr - und die benachbarte Paulus-Kapelle, ein gotischer Bau aus dem 14. Jahrhundert, durch den man das heutige Diözesanmuseum erreicht.

Neben dem Hauptwerk der Kathedrale befindet sich die Almudaina, heute offizielle Residenz des spanischen Königspaars bei Aufenthalten auf Mallorca. Dieses so strategisch gelegene Wehrschloß, das von den Arabern im 11. und 12. Jahrhundert über römischen Fundamenten erbaut wurde, erfuhr nach der Eroberung durch die Katalanen, und hierbei besonders im 14. Jahrhundert, eine erhebliche Umgestaltung und war dann auch später immer wieder Gegenstand der verschiedensten Reformprojekte. Unterhalb der Almudaina öffnet sich im großen Bogen die

Kathedrale und Palast der Almudaina.

Die eindrucksvolle Kathedrale spiegelt sich im ruhigen Wasser.

arabische Schiffswerft, und ein kleiner Park - S'Hort del Rei - nimmt heute den Platz der maurischen Gartenanlagen ein.

Jenseits der schönen Promenade über der einstigen Riera - ein Wildbach, der früher längs des heutigen Passeig del Born und der Rambla die Stadt durchquerte und nach einer großen Flutkatastrophe mit über 5000 Todesopfern und der Zerstörung zahlreicher Häuser Anfang des 15. Jahrhunderts endgültig verlegt wurde - erreicht man die Lonja, Sitz der einst so einflußreichen Händlerzunft. Dieses von Guillem Sagrera in der ersten Hälfte des 15. Jahrhunderts errichtete Gebäude gilt als eines der schönsten Bauwerke der zivilen Gotik im ganzen Mittelmeerbereich.

Vier Kilometer weiter nach Westen erhebt sich im mittelalterlichen Hafen Portopí ein noch heute als Leuchtturm dienender Wachturm aus dem 14. Jahrhundert, und auf den umliegenden bewaldeten Anhöhen stößt man dann auf das ebenfalls aus dem 14. Jahrhundert stammende Castillo de Bellver als einem der wenigen Rundbauten des Mittelalters.

Schon diese kurze Würdigung der neben der Kathedrale die Bucht von Palma säumenden Baudenkmäler macht klar, daß Mallorca - wie auch alle anderen Inseln der Balearen - seit jeher Schnittpunkt der verschiedensten Schiffsrouten war. Aufgrund ihrer so günstigen Lage im westlichen Mittelmeer wurde die Insel zu einer Art natürlicher Brücke für die verschiedensten Beziehungen zwischen den das Mare Nostrum säumenden Völkern, so daß praktisch alle im Umkreis dieses Meeres entstandenen und herangewachsenen Kulturen auf Mallorca mehr oder weniger deutlich ihre Spuren hinterlassen haben.

Über das Meer, von Südfrankreich aus, kamen im fünften

Kathedrale, Luftaufnahme.

Jahrtausend v. Chr. die Ureinwohner dieser Insel. Die von ihnen hier entwickelte Kultur, der sich Einflüsse anderer Volksstämme überlagerten, wird gemeinhin in zwei große Epochen - Prätalayot- und Talayot-Kultur - unterteilt, die zeitlich mit dem Aeneolithikum und der europäischen Bronzezeit zusammenfallen.

Mit der Eroberung durch Caecilius Metellus dem Balearen wurde Mallorca 123 v. Chr. dem römischen Weltreich eingegliedert. Auch Juden- und Christentum faßten, von Afrika kommend, hier Fuß.

Nach den Wandalen und den Oströmern waren es dann die Araber, die die Insel im 10. Jahrhundert (903 n. Chr.) der islamischen Kultur erschlossen, bis sie im 13. Jahrhundert (1229 n. Chr.) durch die aufstrebende Mittelmeermacht der aragonesisch-katalanischen Föderation unter Jaume I. vertrieben wurden. Diese neuerliche Eroberung Mallorcas hatte vor allem strategische Gründe, da die ständigen Überfälle der maurischen Piraten die Expansion des aragonesisch-katalanischen Wirtschaftsraums in Frage stellten.

Jaume I. der Eroberer teilte die ihm unterstehenden Gebiete unter seinen Söhnen auf, wodurch es nach seinem Tod im Jahr 1276 zur Bildung des Königreichs Mallorca kam, das neben den neu eroberten Balearen auch verschiedene Landstriche in Südfrankreich (Rousillon, Cerdagne, Conflent und Vallespir, Collioure und Montpellier) umfaßte. Die mallorkinischen Könige - Jaume II., Sanç I. und Jaume III. - förderten die Entwicklung ihres Territoriums durch die Anlage neuer Ortschaften, errichteten Kirchen und Burgen, bildeten einen Hof und eine eigene Verwaltung, schufen

Märkte und Messen und protegierten als Existenzgrundlage ihres anfälligen Inselreichs vor allem die Häfen, die Schiffahrt und den Handel.

Die Unabhängigkeit der mallorkinischen Krone war jedoch nur von kurzer Dauer. Pere IV. von Aragonien bemächtigte sich des Gebiets im Jahr 1343 und vereinigte das Königreich Mallorca so erneut mit der Krone von Aragonien. Nach dem spanischen Erbfolgekrieg Anfang des 18. Jahrhunderts kam es durch das vom Bourbonenkönig Felipe V. erlassene Neuordnungsdekret in Spanien zu einer Zentralisierung und Vereinheitlichung der politischen Macht, wodurch das Königreich Aragonien - und so auch Mallorca - seine ursprünglichen Rechte und Privilegien einbüßte.

All dieses geschichtliche Auf und Ab spiegelt sich getreu in Mallorcas Kathedrale wider. Als letzte Ruhestätte der mallorkinischen Könige konzipiert, stellt dieser Kirchenbau ein wahres Kompendium mallorkinischer Kunst dar, ist gleichzeitig aber auch das Ergebnis der verwaltungsrechtlichen und geographischen Lage der Insel, die sich als Schnittpunkt der Handelswege des Mittelmeers stets durch größte Aufgeschlossenheit gegenüber allen künstlerischen Stilen und Ausdrucksformen auszuzeichnen wußte.

«Llibre de la Cadena» - Die Statuten des Cabildo (Domkapitel) - Mittelalter.

Das Wappen des Cabildo - Kapitelsaal aus der Barockzeit

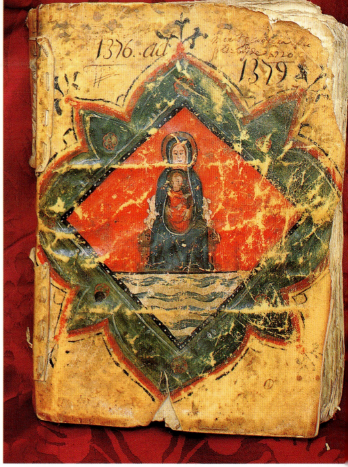

«Llibre de fabrica» - 14. Jh.

GESCHICHTE

Wie von Professor José Orlandis nachgewiesen werden konnte, war es im Mittelalter Brauch, die ersten, in den den Ungläubigen entrissenen Gebieten errichteten Kirchen dem Heiland und Erlöser oder der Jungfrau Maria zu weihen. Dies war auch auf Mallorca nicht anders, wo als Titularfest die am 15. August gefeierte Entschlafung und Himmelfahrt Mariä eingesetzt wurde und das Domkapitel in Anlehnung an das die Almudaina über dem Meer zeigende Stadtwappen als Siegel den Thron Marias über den Wellen wählte.

Der marianische Charakter dieses Gotteshauses ist unverkennbar und kam über die Jahrhunderte hinweg auch immer wieder in den die Kathedrale ausschmückenden Kunstwerken zum Ausdruck, deren Themenkreis sich vor allem auf die Vergänglichkeit des menschlichen Daseins, die verschiedenen Traditionen und dogmatischen Strömungen und die Darstellung volkstümlicher Szenen konzentriert.

Die Lage

Das der heutigen Kathedrale entsprechende Anwesen lag einst innerhalb der Stadtgrenzen des römischen Palma, das vermutlich im 1. vorchristlichen Jahrhundert gegründet wurde und auch bei klassischen Autoren verschiedentlich Erwähnung findet. Ab dem 4. Jahrhundert n. Chr. stand der Ort dann wohl im Zeichen eines fortschreitenden Niedergangs, dem erst unter den Arabern ab dem 10. Jahrhundert durch den Wiederaufbau der Stadt unter dem Namen Madina Mayurqa Einhalt geboten werden konnte.

Zum Teil erhebt sich die Kathedrale auf einem einst zur Almudaina gehörenden Bereich, wobei uns die Abmessungen der dieser damals angegliederten Moschee - sicher viel kleiner als das heutige Gotteshaus - nicht oder nur annähernd bekannt sind. Ferner fehlen auch archäologische Angaben, anhand derer sich Epoche, Baustil und Merkmale dieser maurischen Kultstätte näher bestimmen ließen.

Der Bau

Ursprung und Tradition

Unmittelbar nach der Eroberung Mallorcas wurde die zur Almudaina gehörende große Moschee umgeweiht und bis zur Fertigstellung eines neuen Gotteshauses vorübergehend zur Feier der christlichen Liturgie herangezogen. Diese damalige Moschee muß von ihren Ausmaßen her viel kleiner als die heutige Kathedrale gewesen sein. Ihr Gebetsraum verlief seiner Hauptachse nach quer zur Königskapelle und muß größenmäßig wohl ungefähr mit den beiden ersten Gewölbeeinheiten der heutigen Kirchenschiffe übereingestimmt haben. Gefolgert werden kann diese räumliche Anordnung aus der Achse des Glockenturms, der der Moschee bereits im 13. Jahrhundert - vermutlich anstelle des ursprünglichen Minaretts - hinzugefügt wurde.

Ferner darf davon ausgegangen werden, daß die Moschee auch einen sich zur Almudaina hin öffnenden Hof besaß, der in der Folge dann in einen Kreuzgang mit verschiedenen Kapellen umgestaltet wurde.

Mit ziemlicher Sicherheit wurde die Moschee im Lauf der Zeit verschiedene Male umgestaltet und restauriert, um ihrer Funktion als vorübergehende Kathedrale gerecht werden zu können. Belegt wird diese Vermutung unter anderem durch die Tatsache, daß Ramon de Torrella, erster Bischof der Diözese Mallorca, 1256 ein neues Dach bauen ließ.

Ungewiß ist, wann es zum endgültigen Abriß dieser maurischen Anlage kam; ganz oder teilweise wurde der Bau jedoch bis mindestens 1386 als christliche Kultstätte herangezogen. Fraglich ist ferner, ob diese Moschee an die Stelle einer frühchristlichen Basilika getreten war, obwohl dies durch die traditionelle Wahrung heiliger Stätten mehr als wahrscheinlich gelten darf. Verstärkt wird diese Vermutung durch eine aus dem 6. Jahrhundert n. Chr. stammende Doppelkegelsäule aus griechischem Marmor, die sich als zentrales Bauelement im heutigen Hauptalter des Presbyteriums befindet, da ähnliche Stücke im ganzen Mittelmeerraum als Trägersäulen frühchristlicher Altäre bekannt sind.

Fußboden aus der Mudejarzeit - königliche Grabstätten.

Jaume III, Teil des Sarkophags.

Erster Abschnitt: Der Königsbau

Ausgehend von der Stirnseite wurde mit dem Bau der heutigen Kathedrale von Mallorca um das Jahr 1300 unter Jaume II. (1276-1311) begonnen. In seinem Testament von 1306 hinterließ dieser erste Monarch der mallorkinischen Inseldynastie ein beträchtliches Legat zur Errichtung der vorderen Axialkapelle, in deren Krypta vermutlich die Sarkophage der königlichen Familie aufgestellt werden sollten, so wie dies auch bei vielen anderen europäischen Kathedralen der Fall ist. Diese Apsiskapelle, die sich ungefähr sechs Meter über dem als "Königskapelle" bekannten Presbyterium erhebt, wird heute gemeinhin als "Dreifaltigkeitskapelle" bezeichnet. Anlaß hierzu gab ein berühmtes Gemälde mit der Darstellung der Heiligen Dreifaltigkeit, das hier im 16. Jahrhundert als Weihgabe jener Adelsfamilien hing, die während des Aufstands der Germanías (1519-1523) in der Kathedrale Zuflucht gesucht hatten.

Die Dreifaltigkeitskapelle beschränkt sich auf zwei Gewölbeeinheiten, in deren Schlußsteinen zum einen Christus der Erlöser und zum anderen König Jaume II. beim Gebet dargestellt sind. Gewisse architektonische Übereinstimmungen mit den Apsiskapellen in Perpignan und bestimmten Bereichen der Almudaina - so besonders im Hinblick auf die Ausgestaltung der Ecktrompen und der Gewölbeansätze - lassen darauf schließen, das auch bei dieser Kapelle wieder Ponç Descoll als Baumeister wirkte, der bis zum Tod Jaume II. im Jahr 1311 auf Mallorca lebte. Um diese Zeit liefen bereits die Arbeiten an dem sich an die Apsis anschließenden Presbyterium. Die Schlußsteine im Gewölbe dieser riesigen Königskapelle zeigen die Wappen der Königshäuser von Mallorca und Aragonien, die den Bau der Kathedrale so tatkräftig unterstützt hatten. Denn ohne jeden Zweifel huldigte die Bevölkerung der Insel hier nicht nur Jaume III., dem letzten König von Mallorca, sondern - der Chronik zufolge - ebenso Pere IV. von Aragonien, der die Insel im Jahr 1343 in Besitz nahm.

In architektonischer Hinsicht ähnelt die Königskapelle weitgehend der wesentlich kleineren Dreifaltigkeitskapelle, weshalb vermutlich auch für deren Planung wieder Ponç Descoll verantwortlich zeichnete. Die Leitung der Bauarbeiten, die sich über die gesamte Herrschaft Sanç I. und die Minderjährigkeit von Jaume III. hinzogen, lag möglicherweise in den Händen von Jaume Fabre, dem Baumeister der Kirche des Santo-Domingo-Klosters in Palma und der Kathedrale von Barcelona, obwohl schlüssige Beweise hierfür nicht vorliegen. Die Verbindung zwischen Dreifaltigkeitskapelle und Königskapelle erfolgt durch eine von einer Rosette durchbrochene Zwischenwand. Dieses Schema wiederholt sich dann auch wieder zwischen der Königskapelle und dem dreischiffigen Laienraum, wobei das sich hier auftuende Rosettenfenster nicht nur das größte der Kathedrale von Mallorca, sondern der gesamten europäischen Gotik ist.

Zweiter Abschnitt: Allgemeine Anlage; Haupt- und Seitenschiffe

Architekt der drei großen Kirchenschiffe mit insgesamt 24 Gewölbeeinheiten war Jaume Mates, Sohn des Pere Mates, der 1368 in die Dombauhütte einzog und in den Steinbrüchen um Santanyí den angemessenen Sandstein für die sieben achteckigen Pfeilerpaare suchte, die das Dach der

Königliche Kapelle, Gesamtansicht.

Innenansicht, Glasfenster und Säulen.

Hauptportal, Tympanon mit der Unbefleckten. ▷

Kathedrale tragen sollten. Alle sozialen Schichten, von den Bischöfen und dem Domkapitel über das aragonesische Königshaus und den Adel bis hin zur örtlichen Händlerschaft, beteiligten sich an der Finanzierung dieses Dombaus, der sich über mehrere Jahrhunderte hinwegzog, bis 1601 schließlich die Hauptfassade erreicht war. Einer der wichtigsten Träger des Bauvorhabens war die Confraría de Nostra Dona de la Seu, deren Spenden voll dem Domprojekt zugute kamen und auch immer wieder durch bescheidene Hinterlassenschaften ergänzt wurden, so daß die Kathedrale von Mallorca also tatsächlich als das große Werk der Einwohnerschaft dieser Baleareninsel verstanden werden muß.

Um 1400 befanden sich die Bauarbeiten auf der Höhe des heutigen Portal del Mirador. Mit der skulptorischen Ausgestaltung dieses Seitentors wurde Pere Morey (†1394) beauftragt, der sich von diesem Zeitpunkt an, unterstützt von einer Reihe begabter Steinmetze, nur noch dieser Arbeit widmete.

Nächster Leiter der Dombauhütte war Guillem Sagrera, dem später dann sein Schüler Arnau Piris sowie weitere Architekten aus der Familie Sagrera folgten.

Blickt man vom breiten Mittelschiff auf das Hauptportal, erkennt man dort, diesem überlagert, eine große Renaissance-Giebelwand. Gerade dieser augenfällige Stilwandel macht deutlich, daß die Arbeiten an diesem gotischen Gotteshaus erst lange Zeit nach Einzug der Renaissance zum Abschluß gebracht wurden, eines Baustils, dem übrigens auch das von Miquel Verger geschaffene große Portal an der Außenfassade entspricht. Ab diesem Zeitpunkt beschränkte sich die Aufgabe der Architekten dann auf ein geduldiges, sorgfältiges Überwachen des Baus, das sich vor allem auf den Unterhalt der Kathedrale und die Stabilität ihrer Gewölbe konzentrierte.

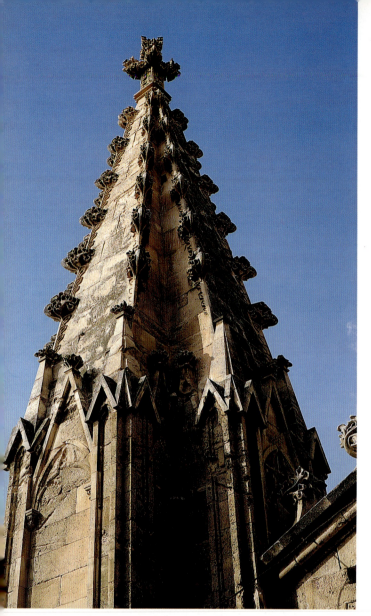

Fassade, Turm aus dem 19. Jh.

Die Reformprojekte

Im Jahr 1601, drei Jahrhunderte also nach Aufnahme der ersten Bauarbeiten, konnte schließlich das Hauptportal der Kathedrale von Mallorca geweiht werden, obwohl dieses Jahreszahl kaum mehr als ein rein offizielles Datum für die Geschichte dieses Gotteshauses ist, da die Bautätigkeit hierdurch keineswegs zum Erliegen kam. Probleme des Unterhalts, ebenso aber auch die Anpassung eines lebenden Bauwerks an sich ändernde Umstände historischer, künstlerischer oder liturgischer Art machten immer wieder neue bauliche Eingriffe erforderlich.

Vom 17. bis zum 20. Jahrhundert häuften sich so vor allem die Renovierungsarbeiten im Zusammenhang mit der Gewölbestruktur, da sich diese aufgrund einer im 14. Jahrhundert vorgenommenen Neuprojektierung der Höhe des Kirchenraums als ganz besonders anfällig herausstellte. Teilweise können diese baulichen Eingriffe heute anhand der von den Arbeitern damals in den betroffenen Gewölbebereichen hinterlassenen Jahresangaben verfolgt werden, wobei Professor Durliat diesbezüglich eingehende Untersuchen angestellt hat: 1655 - Erneuerung des Hauptbogens im Mittelschiff und des ersten nördlichen Strebebogens (...). 1968 - Einsturz des dem zweiten Joch entsprechenden Gewölbes, wobei es unmittelbar nach der Restaurierung im Jahr 1699 zu einem neuerlichen Einsturz kommt (...). 1699 - Am 13. Mai dieses Jahres riet der Architekt zu einer Erneuerung aller Gewölbestrukturen des Schiffes, welche dann auch tatsächlich vorgenommen wurde (...). Auch die Gewölbe im nördlichen Seitenschiff tragen Datumsangaben zu ihrer Erneuerung während des 18. Jahrhunderts. Im Lauf der beiden zurückliegenden Jahrhunderte kam es dann zu den letzten - und wohl auch umstrittensten - Eingriffen in die Baustruktur der Kathedrale. Konkret handelt es sich hierbei zum einen um das Mitte des 19. Jahrhunderts von Juan Bautista Peyronnet durchgeführte Reformprojekt und zum anderen um die Arbeiten, die Anfang unseres Jahrhunderts dem großen katalanischen Architekten Antoni Gaudí anvertraut wurden.

Peyronnet

Der besorgniserregende Zustand, in dem sich das Hauptwerk mit dem Portal Mayor befand, gab Anfang des 19. Jahrhunderts immer wieder Anlaß zu alarmierenden Warnungen. Erst aufgrund des Erdbebens jedoch, das die Fassade im Mai 1851 fast zum Einsturz brachte, entschloß sich der damalige Bischof Salvà i Munar endlich zu der schon lange fälligen Erneuerung.

Zunächst kam es zu einer vollständigen Abtragung der Fassade, die im Sommer 1851 unter der Leitung des Architekten Antoni Sureda i Villalonga aufgenommen wurde und dann volle sechs Monate in Anspruch nahm.

Der anschließende Wiederaufbau wurde am 31. August 1852 dem Madrider Architekten Juan Bautista Peyronnet übertragen, wobei Sureda i Villalonga weiterhin als stellvertretender Architekt am Projekt beteiligt war. Der 1853 von Peyronnet vorgelegte Plan sah ursprünglich eine tiefgreifende Umgestaltung des gesamten Kirchenraums vor - Verlegung des Chorraums, Bau des Presbyteriums usw. -, beschränkte sich dann aber aufgrund wirtschaftlicher Schwierigkeiten auf die Wiederherstellung der Hauptfassade. Hierbei entschloß sich Peyronnet zur Übernahme gotischer Bauformen, um so - laut eigenen Aussagen - die Harmonie der Kathedrale als ganzen nicht in Frage zu stellen. Bei allem jedoch entspricht das heute noch sichtbare Ergebnis seiner Arbeit kaum diesem Vorsatz, besonders im Hinblick auf den Einsatz der ornamentalen Elemente. Um mit C. Cantarellas zu sprechen, ist es also nicht die Gotik, die uns aus dieser im vergangenen Jahrhundert erbauten Fassade entgegentritt, sondern vielmehr der Zeitgeschmack, der das 19. Jahrhundert prägte.

Als Peyronnet 1875 verstarb, waren die Arbeiten noch längst nicht abgeschlossen. Das Projekt wurde deshalb von anderen Architekten weitergeführt und erst 1888 endgültig zum Abschluß gebracht, wobei die Fassade als solche allerdings bereits seit 1884 fertig war. In diesen letzten Abschnitt der Bauarbeiten fiel die Beteiligung des Architekten Joaquín Pavía y Birmingham, der als einziger neue dekorative Aspekte in Peyronnets Originalprojekt einbrachte und diesbezüglich auch am längsten tätig war (1877-1884).

Alle nach 1884 vorgenommenen Arbeiten beschränkten sich dann nur noch auf die skulptorische Ausgestaltung.

Gesamtansicht der Hauptfassade, 19. Jh.

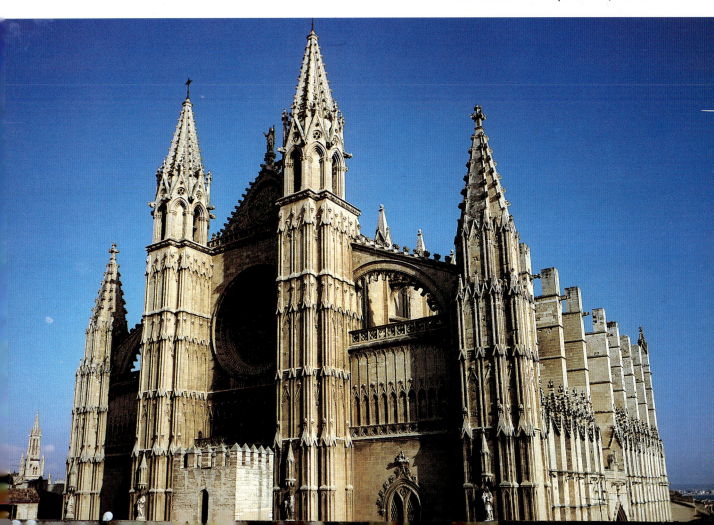

Lampe, ein Werk Gaudís.

Gaudí

Im Jahr 1902 übertrug der Bischof Campins dem katalanischen Architekten Antoni Gaudí die Leitung der Arbeiten zur liturgischen Umgestaltung der Kathedrale von Mallorca. Tatsächlich handelte es sich hierbei um ein in jeder Hinsicht äußerst ehrgeiziges Vorhaben, das Campins selbst in einem Hirtenbrief als "außergewöhnlich komplex und aufwendig" bezeichnete. Nichts Neues sollte eingeführt, sondern nur Altes restauriert und wiederhergestellt werden; kein Bruch mit der Vergangenheit wurde angestrebt, sondern vielmehr eine weitestmögliche Erneuerung altüberlieferter Traditionen; nicht das Bauwerk als solches durfte verändert werden, sondern nur die Verunstaltungen, die ihm im Laufe der vergangenen Jahrhunderte aufgezwungen worden waren. Zur Durchführung dieses Projekts bedurfte es somit nicht nur einer genauen Kenntnis des ursprünglichen Bauvorhabens; erforderlich war ebenso eine äußert eingehende Studie zu dessen erneuter Verwirklichung.

Die Bauarbeiten erstreckten sich von 1904 bis 1914, wobei Gaudí neben J. Torres García und Guillem Reynés anfänglich vor allem mit Joan Rubió i Bellver und später dann auch mit Josep M. Jujol zusammenarbeitete. Die von Gaudí vorgenommenen Eingriffe können in drei große Bereiche zusammengefaßt werden:

- Auflichtung, Neuordnung und Ausschmückung des Mittelschiffs und der Königskapelle, was im wesentlichen durch die Verlegung des bis dahin im zweiten und dritten Joch des Mittelschiffs befindlichen Chorraums nebst Anhängen, die Entfernung des barocken Altarbilds, die Aufhängung eines Baldachins über dem Hochaltar und die Freilegung und räumliche Einbeziehung des Bischofssitzes in das Presbyterium erreicht wurde.

- Steigerung der natürlichen wie künstlichen Beleuchtung durch Buntgläser, Fenster, Lampen und Armleuchter. Gaudí hatte hierbei das Licht nicht nur richtig als wesentliches Element des gotischen Raums an sich interpretiert, sondern gleichzeitig erkannt, daß die Einmaligkeit und der ganz besondere Charakter der Kathedrale von Mallorca gerade auf der intensiven Einbeziehung der natürlichen Lichtfülle und der spezifischen Verwendung des Lichts beruht. Ausgehend von diesen Überlegungen schuf Gaudí so eine Reihe von Objekten zur angemessenen Ausleuchtung der verschiedenen Bereiche, wobei er sich zusätzlich und in höchst revolutionärer Weise auch bereits des elektrischen Lichts bediente.

- Entwurf und Anfertigung der verschiedensten liturgischen und ornamentalen Gegenstände und Elemente, die sich durchweg durch ihren überreichen Symbolgehalt auszeichnen. Mit seinem wahrhaft genialen Reformprojekt gelang es Gaudí, den weiten Raum der Kathedrale zu einer großen, harmonischen Einheit zusammenzufassen und diesem durch die wohlüberlegte Neueinbeziehung der verschiedensten Zusatzelemente eine vorher nicht gegebene Rhythmik und Proportionalität zu verleihen. Gaudís Reformprojekt war damals und ist noch heute heiß umstritten; es darf jedoch nicht übersehen werden, daß eine Arbeit von derartiger Tragweite und Transzendenz nur von einem wirklich überragenden Künstler durchgeführt werden konnte, der gleichzeitig auch ein ausgesprochener Kenner der gotischen Architektur und der katholischen Liturgie war. Zusammenfassend kann mit Verrié gesagt werden, daß Gaudí mit unleugbarem Erfolg die Kathedrale dem Licht öffnete.

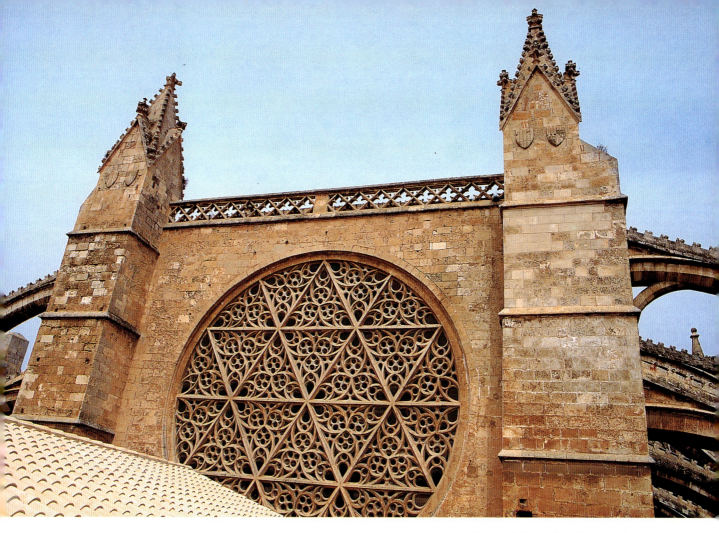

Außenansicht, großes Rosettenfenster.

BESCHREIBUN

Neben ihrer unmittelbaren Funktion als Bischofssitz war die Kathedrale von Mallorca von allem Anfang sowohl als Ort der Verehrung als auch als Grabstätte der Dynastie des unabhängigen Königreichs Mallorca geplant. Dieser doppelte, halb politische, halb religiöse Charakter kommt deutlich in ihrer äußeren Gestalt und ihrer Entwicklung zum Ausdruck und macht sie so zum Brennpunkt der verschiedensten Stil- und Kunstauffassungen.

Das äußere Erscheinungsbild

Aufgrund ihrer einmaligen Lage unmittelbar an der Bucht von Palma und des sich von hier aus bietenden Spiels der Perspektiven wird der die Mauern der Stadt krönenden Kathedrale von Mallorca ein wahrhaft unvergleichlicher Charakter zuteil, der von ihrer imposanten Größe kaum noch unterstrichen werden muß.

Die Stirnseite

Das sich nach vorne hin verjüngende Nacheinander von Haupthalle, Apsis und Dreifaltigkeitskapelle ergibt ein interessantes Massen- und Formenspiel. Bei letzterer überrascht der scharfe Kontrast zwischen einer eher kompakten, strengen Basisstruktur und der luftigen Leichtigkeit, die der Raum als solcher durch schlank aufstrebende Buntglasfenster gewinnt. Den Abschluß der Stirnseite bilden die Apsis der Haupthalle und die beiden Axialkapellen der Seitenschiffe, die bereits hier das Grundschema aufzeigen, das sich dann beim restlichen Bau immer wieder aufs neue durchsetzt: große, von kraftvollen Strebepfeilern flankierte Fenster, die durch eine Reihe waagerechter Absätze in verschiedene Stockwerke gegliedert werden und wie bei den Axialkapellen der Seitenschiffe durch schlankes Giebelwerk ihren Abschluß finden können.

Südwerk und Portal del Mirador

Das Südwerk ist nicht nur die schönste, sondern auch die sowohl in technischer wie ästhetischer Hinsicht am besten gelöste Fassade der Kathedrale.

Aufgrund ihrer Ausrichtung erkennt man hier in aller Klarheit das aufstrebende Übereinander von Mittelschiff, Seitenschiffen und Kapellen und die technische Bewältigung der nach außen verlegten Verteilung der auftretenden Kräfte und Spannungen.

Acht außergewöhnlich wuchtige Strebepfeiler verstärken so die Seitenschiffe und übernehmen jeweils über einen doppelten Schwibbogen die vom Mittelschiff ausgehende Belastung. Etwas tiefer lagern sich dann die weitaus schlankeren Strebepfeiler der Kapellen ein, die in einem mit pflanzlichen und geometrischen Motiven ausgeschmückten Giebelwerk ihren Abschluß finden. Zwischen den einzelnen Pfeilern werden die Mauern von großen Fenstern durchbrochen, deren markant vertikaler Rhythmus durch die sich über die gesamte Fassade hinwegziehenden waagerechten Absätze immer wieder unterbrochen wird.

Gerade das Südwerk mit seiner klar über die senkrechten Linien dominierenden Horizontalität und einer ausgesprochen sparsam verwendeten Ausschmückung, die sich im wesentlichen auf die Portale und bestimmte Bereiche der Fassaden - Wasserspeier, Blendarkaden und Giebelwerk - beschränkt, weist die Kathedrale von Mallorca als typisches Beispiel der südländischen Gotik aus.

Die Mirador-Fassade schiebt sich zwischen das Pfeilerwerk der fünften Gewölbeeinheit und öffnet sich dort im Portal del Mirador, dem früheren Tor der Apostel. Dieses Portal stellt das wichtigste Zeugnis mittelalterlicher Bildhauerkunst auf Mallorca dar, an dessen Ausgestaltung sowohl einheimische wie ausländische Steinmetze beteiligt waren. Die Arbeiten hierzu begannen im Jahr 1380 unter der Leitung von Pere Morey, dem damaligen Dombaumeister, dem vermutlich auch die allgemeine Auslegung des Bauwerks zuzuschreiben ist.

Ein weitgespannter Spitzbogen, beidseits von ebenfalls spitz zulaufenden Aufsätzen flankiert, durchbricht die Oberfläche der Fassade. Seine vielfältige Rankenverzierung läuft in einer zentralen Rosette zusammen, die ihrerseits eine Nische trägt. Als horizontaler Abschluß schließt sich ein Blindbogenwerk an, über das sich eine Brüstung aus vierblättrigen Medaillons zieht.

Das unter einem Spitzbogengewölbe liegende Gewände des Portals ist reich mit bildlosen Nischen ausgestattet.

Das Tor selbst öffnet sich unter einem Giebelabschluß, dessen Zentrum vom Haupt des Salvator Mundi markiert wird. Die drei aufeinanderfolgenden Archivolten sind (von außen nach innen) reich mit Blumenschmuck, musizierenden Engeln und verschiedenen Propheten und Kirchenvätern geschmückt. In den Nischen der seitlichen Türpfeiler finden sich lediglich fünf Skulpturen: Jakobus, Johannes der Täufer und Petrus zur linken, Andreas und Paulus zur rechten Seite.

Im Tympanon dann in zwei klar differenzierten waagerechten Linien die Abendmahlsszene und Gottvater mit anbetenden Engeln. Im Mittelpfeiler von außerordentlicher Schönheit die Jungfrau mit dem Kind - heute in der von Guillem Galmés angefertigten Kopie; das Original befindet sich in der Vermells-Sakristei des Kapitularmuseums.

Zahlreiche Bildhauer und Steinmetze arbeiteten an diesem Portal. Zu nennen wären neben dem bereits erwähnten Pere Morey die französischen Meister Pierre de Saint-Jean,

Ausgang zur Panoramaterrasse, Blick auf das Meer.

Jean de Valenciennes - von ihm stammen das Tympanon und das Bildwerk der Archivolten - und Henri l'Allemand, der Katalane Antoni Canet und schließlich der aus Mallorca stammende Guillem Sagrera - Schöpfer der Petrus- und Paulus-Figuren und vermutlich auch der Madonna des Mittelpfeilers.

Hauptwerk und Hauptportal

Mit Ausnahme des Portals ist die gesamte Hauptfassade als Ergebnis des Mitte des 19. Jahrhunderts durchgeführten Reformprojekts zu verstehen.
Ursprünglich zeichnete sich dieses zwischen 1592 und 1601 entstandene Hauptwerk - flankiert von zwei Strebepfeilern und mit zwei achteckigen, von verschiedenen Autoren mit arabischen Minaretten verglichenen Türmchen - durch eine ausgesprochene Strenge aus, die in ihrer Kühle nur von drei Rosetten durchbrochen wurde.

Bei seinem 1852 in Angriff genommenen neugotischen Umbau inspirierte sich Peyronnet an den Fassaden der Kathedralen von Orléans (Frankreich) und Orvieto (Italien), nahm hierbei jedoch bewußt wieder die Schmuckmotive vom Portal del Mirador auf. Diese neue Fassade nun, wie wir sie heute sehen, wird von vier Strebepfeilern unterteilt, in deren Mitte sich, durch die Stärke des Pfeilerwerks reichlich vertieft, das Hauptportal und die Fensterrose öffnen. In den beiden seitlichen Abschnitten finden sich spitz zulaufende Blindfenster mit einer vorgetäuschten Jalousierung, die die ursprünglich vorhandenen Seitenrosen verdecken. Ihren Abschluß findet diese Einheit in einem großen, dreieckigen Giebelfeld, dessen Scheitelpunkt von einer Darstellung der Himmelfahrt Mariä markiert wird.
Der neugotische Figurenschmuck stammt aus den Jahren nach 1884 und geht auf die mallorkinischen Künstler Guillem Galmés (Raimundus Lullus, die Heilige Katharina Thomàs, Petrus und Paulus), Marc Llinàs (Hochrelief der Entschlafung

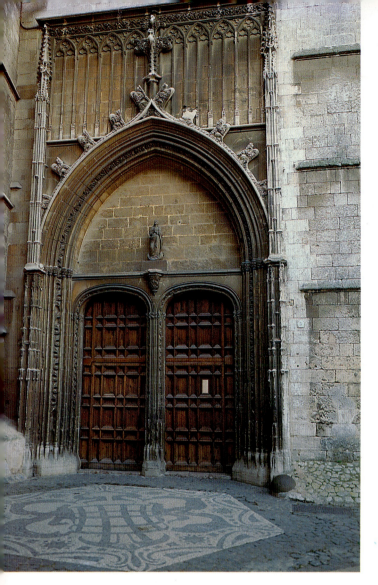

Portal der Almoina.

Mariä) und Lluís Font (Maria Assunta) zurück.

Das der Unbefleckten Empfängnis geweihte Hauptportal stammt größtenteils von Miquel Verger, der die Arbeit hierzu 1592 nach einem vom Bischof Vich i Manrique festgelegten Symbolschema aufnahm.

Das 1601 geweihte Portal öffnet sich unter einem weiten, kassettengeschmückten Bogen, der seinerseits auf einer dreiteiligen Trägerstruktur ruht. Über einem Sockel erhebt sich der von paarweise angeordneten Säulen gebildete Mittelkörper, in dem sich zentral zwei übereinanderliegende Nischen öffnen. Links erkennen wir (von oben nach unten) die Heiligen Gregor und Hieronymus und rechts die Heiligen Ambrosius und Augustinus. Der etwas kleinere obere Teil übernimmt weitgehend die Ausgestaltung des Mittelkörpers und zeigt Johannes den Evangelisten und Johannes den Täufer. Durch einen vorspringenden Sims wird die dreiteilige Struktur unterbrochen, die dann zusammen mit dem oberen Kassettenfries zur Darstellung der Unbefleckten Jungfrau als physische und geistige Achse des Portals emporstrebt. Das von der Gottesmutter beherrschte Tympanon zeigt in symmetrischer Anordnung eine Reihe der bekanntesten marianischen Symbole: Sonne, Kirche, Zypresse, Lilie, Brunnen, Stadt, Spiegel, Stern, Mond, Tor des Himmels, Rosenstock, Palme, Quelle, umzäunter Garten und Elfenbeinturm. Unterhalb des Tympanons ragt das Wappen des Bischofs Vich i Manrique unter dem Mauersturz hervor. In stilistischer und ikonographischer Hinsicht ist der valencianische Einfluß dieses durch eine Mittelsäule in zwei Bereiche unterteilten Portals unverkennbar.

Professor S. Sebastián wertet das zur Anwendung gebrachte dekorative Repertoire in Gestalt von Sockel, Rahmen, Säulenschäfte und Kapitelle überziehenden Grotesken, Girlanden, Rollen und Konsolen als offensichtliches Produkt einer Epoche des Übergangs, die von der Frührenaissance bis zum Manierismus reicht.

Insgesamt gesehen handelt es sich also um ein eindeutig nachtridentinisches Werk mit ausgeprägt didaktischem Charakter.

Abgeschlossen wurde dieser Torbereich von Antoni Gaudí, der das Portal in der Art eines großen Teppichs um ein kreisförmiges Mosaik aus grauen, in den Boden eingelassenen Steinen erweiterte.

Nordwerk und Portal de la Almoina

Die visuell im Vergleich zum Südwerk weniger auffallende Nordfassade der Kathedrale wird auf der Höhe des fünften Strebepfeilers vom Glockenturm unterbrochen, wobei sich dessen in bezug auf die Hauptachse leicht versetzte Anordnung aus den frühesten Zeiten des Dombaus herleitet. Es handelt sich um einen großen, quadratisch angelegten Bau, der durch ein Kragsteingesims in drei klar voneinander getrennte Abschnitte unterteilt und ähnlich wie die Kathedrale selbst von horizontal verlaufenden Vorsprüngen überzogen wird. Durch die im obersten Stockwerk vorgesehenen Fensteröffnungen erfährt der an sich recht massive Charakter dieses Turms eine gewisse Auflockerung, wobei die eckseitig angebrachten kleinen

Glockenturm.

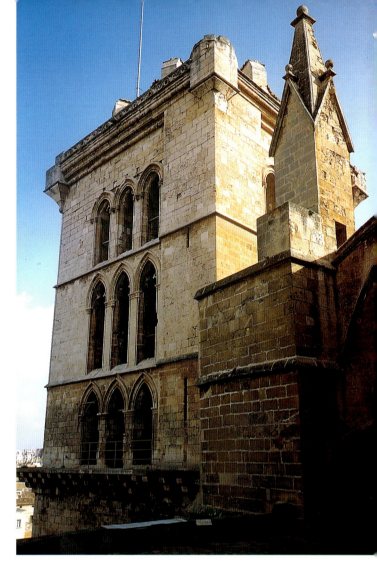

Vorbauten eine unvollendet gebliebene Terrassierung andeuten. Das Geläute setzt sich aus insgesamt neun Glocken zusammen, deren größte und älteste - N'Eloi - bereits 1389 urkundlich erwähnt wird. Insgesamt gesehen vermittelt der Turm eher den Eindruck einer Wach- und Verteidigungsanlage und gliedert sich so wenig in das allgemeine Erscheinungsbild der Kathedrale ein.

Mit dem von Francesc Sagrera geschaffenen Portal de la Almoina wurde im Jahr 1498 begonnen. Es bietet sich uns als ein klar definiertes Rechteck dar, dessen seitlicher Abschluß von schlanken Säulenbündeln gebildet wird, die ihrerseits über einem Zinnenwerk ein Kranzgesims tragen. Unter einem großen Spitzbogen öffnet sich ein durch eine Mittelsäule aufgeteiltes stumpfbogiges Doppeltor. Die vorwiegend auf pflanzlichen Motiven beruhende Ausschmückung konzentriert sich auf die Leibung der beiden Torbögen sowie auf Mittelsäule, Rahmung, Kapitelle und einige Archivolten und wird durch die Rosette und die Rankenverzierung auf der äußeren Wölbungen des Spitzbogens zusätzlich unterstrichen. Das sonst schmucklose Tympanon birgt eine vermutlich aus dem ausgehenden 16. Jahrhundert stammende Darstellung der Immaculata. Die sich über diesem Portal erhebende Wand trägt ein Blindbogenwerk und findet in einem Fries mit pflanzlichen Ziermotiven ihren Abschluß. Vor dem Portal befindet sich schließlich, ähnlich wie beim Hauptwerk, ein in den Boden eingelassenes Kreismosaik aus grauen Steinen, das auch hier wiederum von Antoni Gaudí vorgesehen wurde.

An den Glockenturm schließt sich die Fassade der 1529 errichteten Casa de la Almoina an, die einem Schüler Guillem Sagreras - möglicherweise seinem Sohn Francesc - zugeschrieben wird. Das mit Keilsteinen eingefaßte Portal wird von bewußt altertümlich gestalteten kleinen Fensterquadraten flankiert. Ein versetzt angeordneter Balkon trennt das Portal dann vom oberen Gebäudeteil mit seinen drei symmetrisch unter geschweiften Spitzbögen verteilten Fenstern. Die großzügige Gestaltung dieser Fenster, aber auch die Steinbänke auf dem Balkon und das hölzerne Vordach entsprechen hierbei rein praktischen Bedürfnissen, ermöglichten sie doch ein besseres Verfolgen der vorbeiziehenden Prozessionen.

Hauptglocke «N'Aloi».

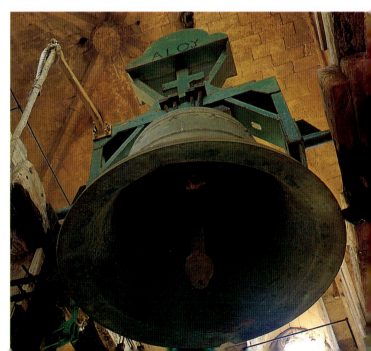

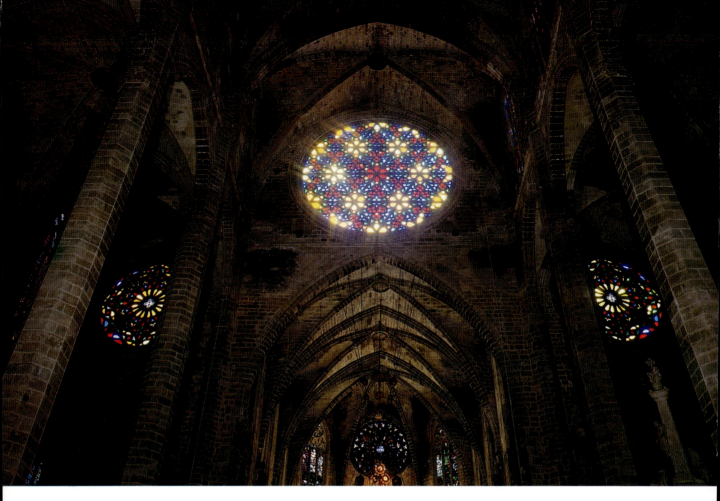

Großes Rosettenfenster am Mittelschiff.

Der Innenraum*

Vor einer näheren Beschreibung der verschiedenen architektonischen Bauelemente, der stilistischen Merkmale und der zahlreichen Kunstwerke ist auf das wahrlich einmalige Lichterspiel hinzuweisen, das für den gotischen Innenraum der Kathedrale von Mallorca so kennzeichnend ist. Das Zusammenwirken von eindringenden Lichtbündeln, Säulen und Gewölben, das abgestufte Nacheinander der verschiedenen räumlichen Bereiche und die wechselnden Lichteffekte lassen den Symbolgehalt der gotischen Kathedrale als Darstellung des himmlischen Reiches mehr erahnen als verstehen.

In diesem Zusammenhang sei an F.-P. Verrié erinnert, der diesen Kirchenraum wie folgt beschreibt: "Die großzügige Auslegung der Schiffe und die Eleganz ihres Pfeiler- und Säulenwerks verleihen diesem in eine so strahlende Helle gekleideten Raum eine ungeahnte, unbeschreibliche Weite und lassen die Kathedrale von Mallorca zu einem der vollendetsten Beispiele der Gotik werden, zu einem Bauwerk, in dem sich uns die Rückkehr klassischer Größe zu schlichter Einfachheit wohl am gelungensten darbietet."

Die Schiffe

Der Innenraum der Kathedrale unterteilt sich in drei Schiffe, deren hohes Bogengewölbe von beeindruckend schlanken, eleganten Säulen achteckigen Querschnitts getragen wird. Durch die Strebepfeiler mit den dazwischen gelagerten Kapellen werden die Schiffe in acht gleichgroße Gewölbeeinheiten gegliedert, wobei nur das fünfte Joch als Aufnahme der Seitenportale eine Ausnahme macht und in der Art eines Querschiffs eine etwas größere Spannweite zeigt. Der obere Abschluß der Seitenkapellen folgt einem

Hauptaltar, Altarhimmel von Gaudí.

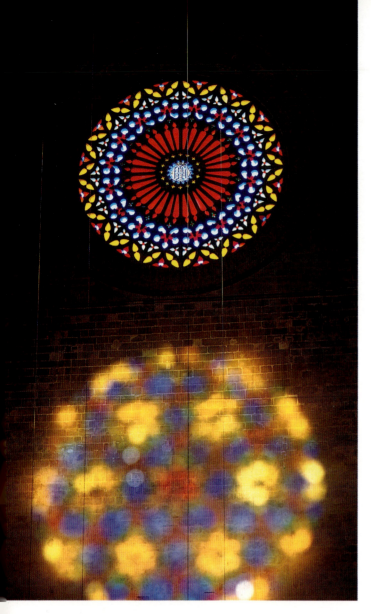

Innenansicht des Rosettenfensters des Mittelschiffs an der Hauptfassade.

Mittelschiff, Säulen, Bögen und Gewölbe. ▷

schiedenen Bogenschlüsse, von denen jedoch aufgrund der zahlreichen baulichen Eingriffe der Vergangenheit nur noch die wenigsten im Original erhalten sind.
Stirnseitig werden die drei Schiffe jeweils von einer Axialkapelle abgeschlossen, wobei diese bauliche Lösung durch die sich emporenhaft zum frontseitigen Presbyterium hin öffnende Dreifaltigkeitskapelle vorgegeben ist.
Auch am Fußende der beiden Seitenschiffe befindet sich jeweils eine kleine Kapelle, die dort den von einem Entlastungsbogen geschaffenen Freiraum einnimmt. Im Mittelschiff dann die 1529 von Juan de Salas geschaffene Innenfront des Hauptportals mit Bogensturz und einer reich geschmückten Renaissance-Giebelwand.
Zusätzlich zu den stirnseitig und an der Hauptfassade vorgesehenen Fenstern und Rosetten ist auch jede Gewölbeeinheit der drei Schiffe mit einem großen Buntglasfenster ausgestattet, so daß sich insgesamt mehr als achtzig Mauerdurchbrüche ergeben, durch die sich die mediterrane Lichtflut in den Innenraum der Kathedrale ergießt. Angemerkt sei in diesem Zusammenhang, daß zahlreiche Fenster des Mittelschiffs erst in den letzten Jahren freigelegt wurden, wobei diese Arbeiten auch derzeit noch anhalten. Ähnliches gilt für die Seitenschiffe, in denen viele Fenster durch große Altarbilder verhängt sind. Bei den verschiedenen Fensterrosen ist insbesondere auf das 1370 entstandene Salomo-Zeichen in der Apsis hinzuweisen, das als größte Rose der Gotik gilt, in seiner heutigen Verglasung jedoch auf das 16. Jahrhundert zurückgeht. Weitere Fensterrosen befinden sich über dem Eingang, an der Stirnseite der beiden Seitenschiffe - diese beiden letzteren mit einer Verglasung aus dem ausgehenden 19. Jahrhundert - sowie im Hauptwerk, wobei die beiden seitlichen Rundfenster jedoch durch den von Peyronnet vorgenommenen Umbau verdeckt wurden und heute nur noch die mittlere, zwischen 1597 und 1599 entstandene Fensterrose zu sehen ist. Als Kuriosum sei erwähnt, daß die Fensterrose des Presbyteriums jeweils zweimal im Jahr - zu Lichtmeß und am Sankt-Martins-Tag - gegen 6.30 Uhr während kurzer Zeit auf die Wand unterhalb der großen Rose des Hauptwerks projiziert wird.
Im Gewölbe des Mittelschiffs ist ein großer eiserner Leuchter aus dem mittleren 14. Jahrhundert verankert, der bis zu Gaudís Reformprojekt im Presbyterium hing.

Bauschema, das sich in der Folge konstant in der mallorkinischen Gotik wiederholt: über eckseitig angeordnete Trompen löst sich die ursprünglich quadratisch angelegte Basis in einen sechseckigen Umriß auf.
Außergewöhnlich sind die Proportionen dieses Bauwerks: Die Säulen haben eine Höhe von 30 Metern; das Mittelschiff ist 44 Meter hoch und 20 Meter breit; die Seitenschiffe messen jeweils 30 mal 10 Meter. Die Gesamtlänge der Kathedrale beläuft sich auf 121 Meter. Diese gewaltigen Ausmaße verleihen dem baulichen Ganzen große Strenge und Majestät, der es jedoch keineswegs an graziler Eleganz fehlt.
Als einziges Schmuckelement finden sich hier die ver-

Flämischer Gobelin aus dem 16. Jh. aus der Stadt Arras.

Die Stirnseite
1. Dreifaltigkeitskapelle (Capilla de la Trinidad)

Als Grabstätte des mallorkinischen Königshauses muß diese kleine Kapelle, die sich emporenhaft in der Apsis auftut, bereits im Jahr 1329 abgeschlossen gewesen sein; zumindest spricht hierfür ein Auftrag, der damals dem aus Siena stammenden Matteo di Giovanni zur Anfertigung verschiedener Glasfenster erteilt wurde. Der Name der Kapelle leitet sich von einem der Heiligen Dreifaltigkeit gewidmeten Altarbild ab, das hier einst seinen Platz hatte. Die bauliche Ausführung dieser Kapelle stimmt voll mit dem bei der übrigen Kathedrale und ab dieser dann bei der mallorkinischen Gotik im allgemeinen zur Anwendung gebrachten Bauschema überein: ein rechtwinkliger Grundriß, der über eckseitig angeordnete Trompen in ein Sechseck übergeht. Die Gewölberippen entspringen an reich verzierten Kragsteinen, die die vier Evangelisten umgeben von Engeln zeigen. Im Boden der Kapelle sind noch Reste der ehemaligen Mudéjar-Kachelung aus dem 14. Jahrhundert erhalten. Unter den sich an den Seitenwänden öffnenden Bögen stehen die Sarkophage der mallorkinischen Könige Jaume II. und Jaume III. Die beiden Alabastergrabmäler zeigen die Monarchen liegend auf der mit den Reichswappen geschmückten Tumba und wurden erst in jüngerer Zeit (1947) vom katalanischen Bildhauer Frederic Marès geschaffen.

Beherrscht wird die Kapelle und mit ihr die gesamte Kathedrale von der beeindruckenden Holzskulptur der Jungfrau mit dem Kind. Einst war dieses von einem unbekannten Künstler geschaffene Bildwerk Mittelpunkt des gotischen Altars, der sich bis 1728 im Presbyterium befand und heute im Epistelschiff über dem Eingang des Mirador-Portals thront. Es handelt sich um eine großformatige, vergoldete und teilweise bemalte Holzarbeit, bei der die Heilige Jungfrau im linken Arm das Jesuskind und rechts eine heute weitgehend abhanden gekommene Rose hält. Linkerhand verbirgt sich ein kleines Türchen, hinter dem bis ins Mittelalter die geweihten Hostien aufbewahrt wurden.

Für den großen Spitzbogen, der sich weit zum Presbyterium hin öffnet, entwarf Gaudí sieben untereinander mit einer Kette verbundene Lampen aus vergoldetem Kupfer, die nun symbolhaft die einst vor dem Bild der Madonna brennenden sieben Kerzen darstellen, gleichzeitig aber auch an die sieben Engel erinnern, die die Apokalypse vor den Thron Gottes stellt.

Die drei Buntglasfenster, so wie wir sie heute sehen, wurden im Jahr 1889 gesetzt.

Reste des Fußbodens aus der Mudejarzeit.

Linkes Seitenschiff.

Trinitatis-kapelle.

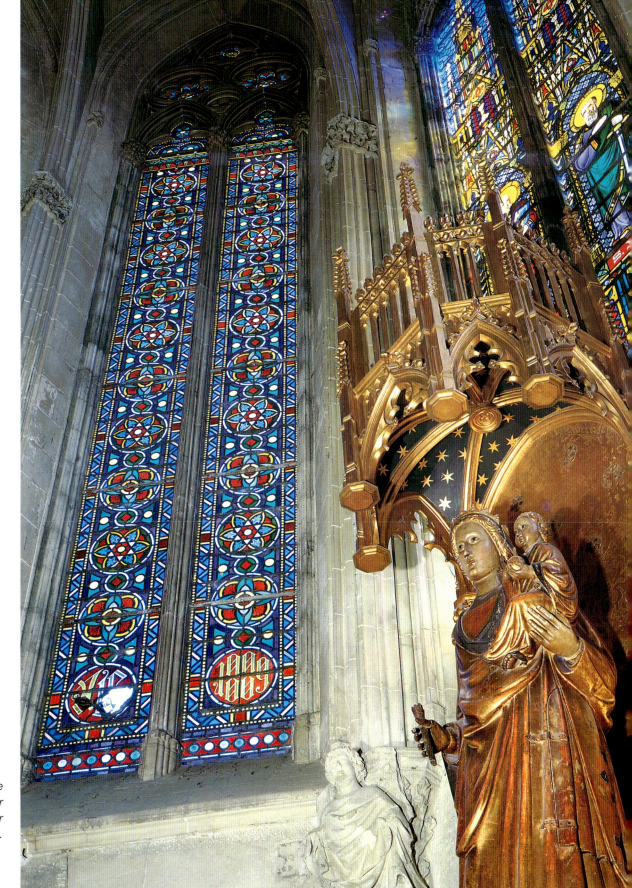

Die Heilige Mutter Gottes der Kathedrale.

Königliche Sarkophage, Jaume II und Jaume III.

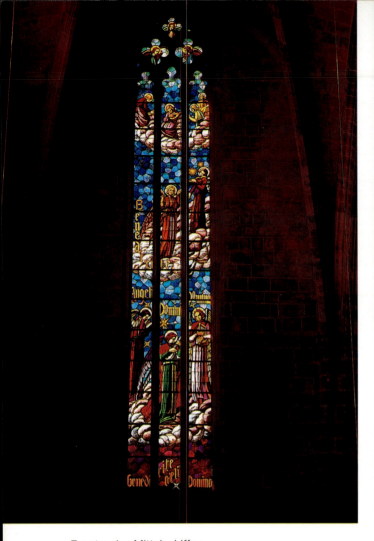 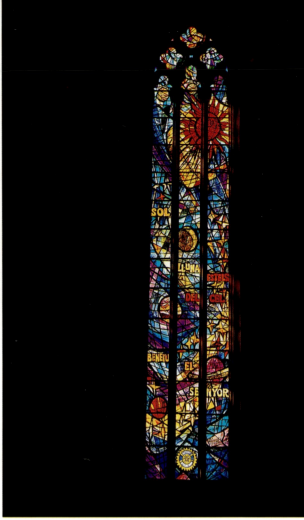

Fenster des Mittelschiffes.

2. Königskapelle (Capilla Real)

Unter dieser Bezeichnung ist das Presbyterium der Kathedrale von Mallorca bekannt. Der großzügig ausgelegte Kapellenbereich folgt dem allgemeinen Bauschema der mallorkinischen Gotik, geht also von einem rechteckigen Grundriß aus, der dann über verschiedene Trompen in ein Kreuzgewölbe überwechselt. Die den Ansatzpunkt der Kreuzrippen gebenden Kragsteine sind reich verziert und überragen jeweils verschiedene Skulpturen - die Verkündigungsszene, Petrus und Paulus, Engel -, die als solche ein prächtiges Beispiel der Bildhauerei des mittleren 14. Jahrhunderts darstellen.

Das Presbyterium in seiner heutigen Erscheinungsform ist das Ergebnis der von Antoni Gaudí zwischen 1904 und 1914 im Auftrag des Bischofs Pere J. Campins vorgenommenen liturgischen wie räumlichen Umgestaltung der Kathedrale.

Vor die über den beiden kleinen Seitenkapellen aufsteigenden Wandflächen stellte Gaudí, symmetrisch verteilt und auf einem Sockel mit neugotischem Thronhimmel ruhend, die sechs Heiligenfiguren des ehemaligen Hochaltars: hier Johannes der Täufer, Johannes der Evangelist und Jakobus, dort die Heiligen Barbara, Katharina und Maria Magdalena. **Die Fensterrose und die beiden Seitenfenster** als Darstellung der Heiligen Bekenner und der Heiligen Jungfrauen stammen von Gaudí und dem Maler Torres García. Durch die bei der Anfertigung zur Anwendung gebrachte Technik - Überlagerung von Gläsern verschiedener Farbe und Qualität - wird ein wundervolles Farbenspiel des einfallenden Lichts erzeugt, das aufs Beste mit dem beim Bau der Kathedrale eingesetzten mallorkinischen Sandstein harmoniert. Die übrigen sechs Fenster sind neueren Datums und stammen vom Barcelonaer Glastechniker Pere Cánovas.

Im rückwärtigen Bereich unterhalb der Dreifaltigkeitskapelle

Großes Rosetten-fenster, Anfang des Mittelschiffes, 1370.

Keramik von Gaudí, Wappen der Bischöfe.

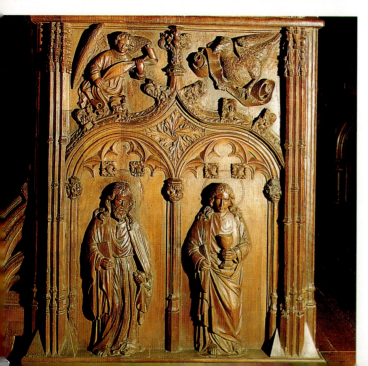

Teilansicht des Chorgestühls.

befindet sich in einer Wandnische mit einem kleinen Kreuzgewölbe der kurz vor 1349 entstandene **Bischofssitz** mit dem Wappen des Bischofs Berenguer Batle als Bauherrn der Kathedrale. Gaudí schmückte diese Wand 1909 mit diversen Keramikelementen aus, die die Wappen der Bischöfe der Diözese Mallorca sowie verschiedene pflanzliche Motive zum Gegenstand haben und seinerzeit von der mallorkinischen Firma La Roqueta angefertigt wurden.

Den Wänden des Presbyteriums folgt, kronenartig auf zwei Ebenen versetzt, das ursprünglich im Mittelschiff aufgestellte und 1904 von Gaudí verlegte **Chorgestühl.** Dieser heute symmetrisch um den Bischofssitz angeordnete zweireihige Chor ist bereits der dritte, den die Kathedrale von Mallorca beherbergt, und nahm als solcher einst als unabhängige Baueinheit innerhalb des weiten Domraums das zweite und dritte Joch des Mittelschiffs ein. In dieser früheren, vom aragonesischen Bildhauer Juan de Salas zwischen 1526 und 1536 geschaffenen Renaissance-Anordnung hatte der Chorraum einen eigenen Zugang und stand über eine von zwei Kanzeln flankierte Galerie mit dem Presbyterium in Verbindung. Das gotische Chorgestühl als solches besteht aus hundertzehn reich mit Figurenschmuck verzierten Holzsitzen und wurde im ausgehenden 15. Jahrhundert von Andreu Salort geschaffen. Das das Gestühl abschließende Fries zeigt Szenen aus dem Alten und Neuen Testament und geht auf die französischen Renaissance-Künstler Fullo und Dubois zurück, die hieran zwischen 1514 und 1519 arbeiteten. Im Zuge seines Reformprojekts zerlegte Gaudí diese ursprüngliche Choreinheit in ihre verschiedenen Einzelkomponenten und wies diesen dann, räumlich verteilt auf mehrere Seitenkapellen, neue Aufgaben zu: so wurde der ehemalige Torbogen im Atrium der Vermells-Sakristei aufgestellt, die Säulen, Bogenstürze und Friese kamen in die Emporen des Presbyteriums usw.

Zu beiden Seiten des Presbyteriums befinden sich die **Emporen,** die Gaudí aus Teilen des sogenannten Corredor dels Ciris und des früheren Chors zusammenstellte. Diese ursprünglich für den Kirchenchor vorgesehenen Bereiche wurden mit barocken Binissalem-Steinbänken aus dem 18. Jahrhundert ausgestattet.

Die beiden aus dem früheren Chor im Mittelschiff stam-

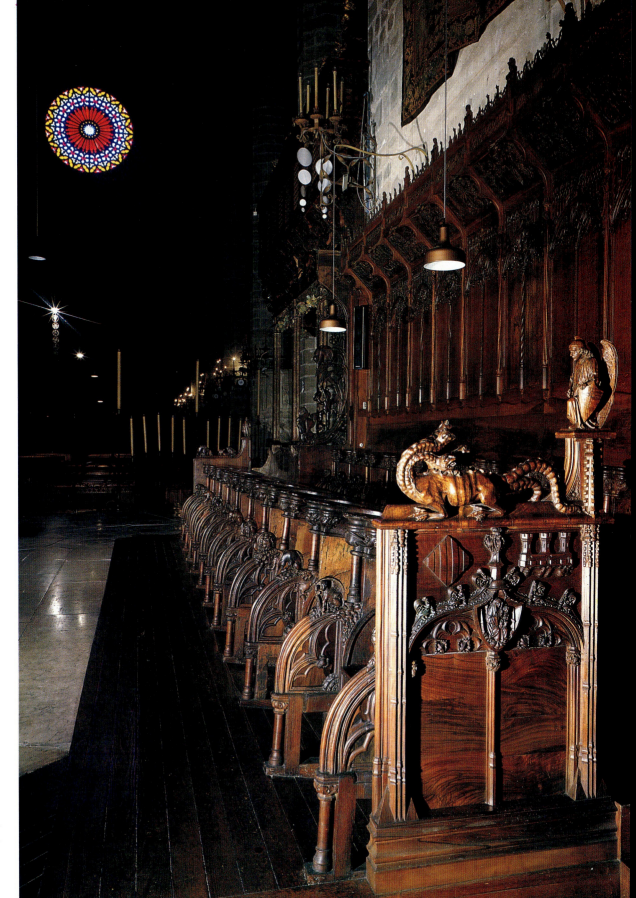

Presbyterium, Chorgestühl.

Bischofssitz.

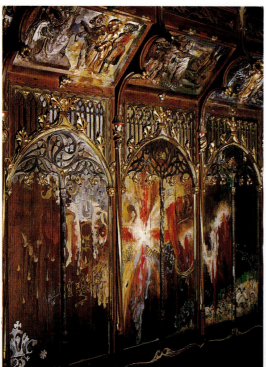

menden **Kanzeln** stehen heute, 1529 von de Salas geschaffen, zu beiden Seiten des Presbyteriums und öffnen sich zum dreischiffigen Laienraum hin. Die Kanzel der Evangelienseite ruht auf einer von Löwenfiguren gehaltenen achteckigen Grundstruktur, über der sich Atlanten an den siebennischigen Unterbau lehnen und die reich mit marianischen Reliefen geschmückte Brüstung und das Pult tragen. Die Kanzel der Epistelseite ist kleiner und schlanker und zeigt Darstellungen der Schmerzensmutter und der Pietà, umgeben von trauernden Engeln. Nach einem Entwurf von Gaudí wurde sie durch einen von Tomàs Vila angefertigten Schalldeckel ergänzt, auf dem symbolhaft verschiedene Motive der Eucharistie erscheinen.

Verzierung, Malerei von Jujol.

Apsis - Aus- und Umgestaltung von Gaudí

Hauptkanzel - Juan de Sales, 16. Jh.

Im Zuge seines Reformprojekts entfernte Gaudí den sogenannten **Corredor dels Ciris,** einen sich seit 1327 an den Wänden des Presbyteriums entlangziehenden Hochsteg mit im Mudéjar-Stil bemaltem Schnitzwerk, auf dem früher bei hohen kirchlichen Feiertagen zahllose Kerzen zur Beleuchtung dieses Bereichs der Kathedrale aufgestellt wurden. Als Ersatz hierfür entwarf Gaudí eine Reihe von Lampen, die in Form einer Tiara Hunderte von Glühbirnen verschiedener Lichtstärke aufnehmen und heute nun im hinteren Bereich der Kapelle hängen.

Der von Gaudí von der ersten in die zweite Gewölbeeinheit vorgezogene **Hochalter** bietet sich uns in Form eines großen Alabasterblocks dar, der von acht kleinen Säulen aus dem 13. Jahrhundert mit frühgotischen Kapitellen getragen wird. Hinzu kommt eine neunte, als bündelartiger Doppelkegel ausgebildete Mittelsäule unbekannter Herkunft aus dem 6. Jahrhundert, deren Material jedoch - griechischer Marmor - auf die Existenz einer möglicherweise am gleichen Ort bestehenden frühchristlichen Basilika schließen läßt.

Sechs äußerst schlanke, gelappte Säulchen tragen sechs musizierende Engel, die den mittleren Bereich des Presbyteriums ausschmücken: zwei stehen an den Stufen zum Bischofssitz, die übrigen vier verteilen sich symmetrisch um den Hochaltar. Diese im ersten Drittel des 15. Jahrhunderts von Tosquella geschaffenen gotischen Engelsfiguren wurden im 18. Jahrhundert aus dem Kirchenraum entfernt, von Gaudí dann aber wieder aufgestellt und zusätzlich mit einem Armleuchter auf der Höhe des Kapitells ausgestattet.

Nebenkanzel, Projekt von Gaudí.

Hauptaltar, 13. Jh.

Musikengel, 15. Jh.

Altarhimmel - Glockenturm.

Bilder des alten, gotischen Altaraufsatzes, 14. Jh.

Rest der Täfelung des «corredor dels ciris».

Eingang zum Presbyterium, Eisengitter - Gaudí.

Kreuzweg, der den Altarhimmel von Gaudí begrenzt.

Hoch über dem Hauptaltar schwebt der **Baldachin.** Diese große Hängestruktur entfaltet sich, nach Saenz de Oiza, in Form einer symbolisch zu verstehenden Krone oder Wolke, wobei die Bewegtheit ihrer quer verlaufenden Linien einen reizvollen Kontrast zum vertikal aufstrebenden Charakter der Ähren und des Weinlaubs und den Drähten der 35 kleinen, schlichten Lampen schafft. Als Abschluß des Baldachins erscheinen die Stationen des Kreuzwegs. Viel höher noch spannt sich quer ein flämischer Wandteppich aus dem 16. Jahrhundert, dessen Aufhängungen durch vieleckige Leuchten geschmückt werden. Angemerkt sei, daß die sich uns heute bietende Anordnung des Hochaltars nur eine Art Entwurf zu Gaudís ursprünglichem Projekt darstellt, das aus Zeitmangel nicht mehr voll ausgestaltet werden konnte.

Auch das zwischen Presbyterium und Laienraum verlaufende **Gitter** wurde von Gaudí entworfen. Bemerkenswert ist hierbei die wohldurchdachte räumliche Lösung dieser Trennung, durch die es visuell zu keiner Unterbrechung des Blickfelds kommt. Die kurvige Bewegtheit im unteren und oberen Bereich des Gitters findet ihren kontrastreichen Ausgleich in den diese Intersektion krönenden Leuchtern. Etwa im Zentrum ist eine Tür vorgesehen, die mit dem Zeichen der Jungfrau Maria versehen ist.

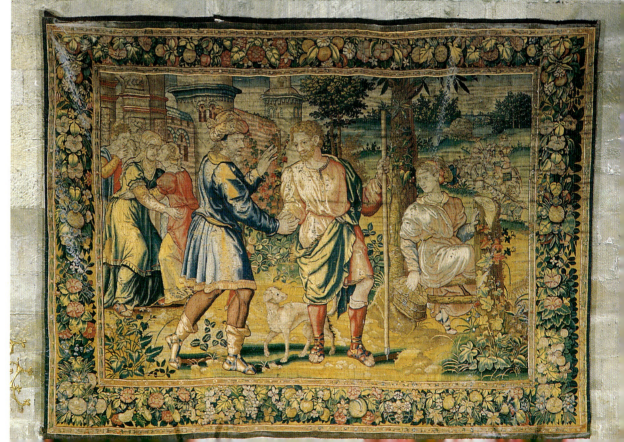

Wandteppiche am Chor, 16. Jh.

her öffnende Kapelle - vom Volksmund liebevoll "Santa Eularieta" getauft - verbindet die Kathedrale mit der Forana-Sakristei. Sie enthält das reich mit Wappen und pflanzlichen Motiven geschmückte Grabmal des Bischofs Berenguer Batle (†1349), dessen in sehr stilisierten, frühgotischen Linien gehaltener Sarkophag den Domherrn in liegender Stellung zeigt.

5. Die Forana-Sakristei

In dieser über das Presbyterium und die kleine Kapelle der Heiligen Eulalia zu erreichenden Sakristei werden derzeit außergewöhnlich wertvolle Gemälde aus dem 16. Jahrhundert verwahrt: die Passionspredelle einer heute verschollenen Altartafel, die ein vermutlich aus Valencia stammender unbekannter Meister in der ersten Hälfte des 16. Jahrhunderts malte, sowie fünf weitere Tafeln, die aller Wahrscheinlichkeit nach zu einem von Vicenç Maçip und seinem Sohn Joan de Joanes in Valencia um 1550 geschaffenen Altarbild gehörten und die Messe des Heiligen Georg, Jesus mit den Schriftgelehrten, die Namensgebung Johannes des Täufers, den Heiligen Hieronymus und den Heiligen Onofre zeigen.

Die Kapellen des Almoina-Schiffs

Im Evangelienschiff, links des Presbyteriums also, reihen sich, von vorne nach hinten, die folgenden Kapellen aneinander:

6. Fronleichnamskapelle (Capilla del Corpus Christi)

Apsiskapelle aus dem 14. Jahrhundert, die ursprünglich dem Apostel Matthäus geweiht war.
Das beeindruckende Altarbild muß als das bedeutendste Werk des mallorkinischen Barocks angesehen werden und beeinflußte damals das gesamte künstlerische Schaffen der nachfolgenden Generationen. Jaume Blanquer, der in einer kleinen Sakristei hinter dem Altar begraben liegt, begann damit Ende des 16. Jahrhunderts und stellte es

3. Verkündigungskapelle (Capilla de la Anunciación)

Die volkstümliche Bezeichnung dieser Kapelle - Sant Gabrielet - ergibt sich aus ihrer Weihung auf die Verkündigung Mariä durch den Erzengel Gabriel. Sie enthält das gotische Grabdenkmal des Bischofs Guillem de Vilanova (†1318) und öffnet sich zum Presbyterium hin von der linken, der Evangelienseite her.

4. Kapelle der Heiligen Eulalia von Mérida (Capilla de Santa Eulalia de Mérida)

Diese sich zum Presbyterium hin von rechts, der Epistelseite

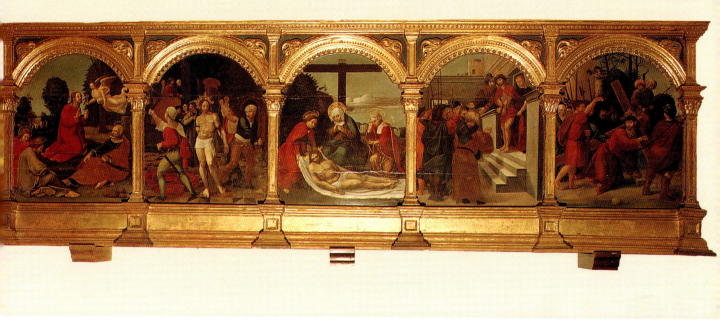

vermutlich Anfang des 17. Jahrhunderts fertig. Ausgestattet mit überreichen architektonischen Umbauten und einer umlaufenden Rahmung baut sich dieser Altar aus Basis, Predelle, zwei dreipassigen Mittelteilen, Aufsatz und Krönung auf. Mit Ausnahme zweier Predellentafeln sind alle Darstellungen plastischer Art. Die Basis besteht aus verschiedenfarbigen Marmorelementen, an die sich nach vorne hin ein Altartisch mit einem wunderschönen Stuck-Antependium anschließt. Eingefaßt von einem Zierstreifen mit eucharistischen Motiven stellt es das Opfer des Melchisedek, Abraham und die Pilgerengel sowie Isaaks Opferung dar. Die Predelle konzentriert sich um ein Relief, das Jesus vor Kaiphas und Pilatus zeigt; hieran anschließend folgen wunderschöne kleinformatige Figuren, die zum einen die Heilige Nymphe, zum anderen die Heilige Christina darstellen; randseitig schließlich treten uns zwei Tafeln entgegen, die die Bekehrung des Paulus und die Barmherzigkeit gegenüber den Armen zeigen. Im Mittelpunkt des ersten Zentralkörpers steht, nischenartig vertieft, die Abendmahlsszene, flankiert von Johannes dem Täufer und dem Heiligen Matthias; der zweite Mittelteil zeigt Jesus als Knabe im Tempel, umrahmt von den Heiligen Franz von Assisi und Franz von Paula. Im Aufsatz sieht man die Versuchungen des Heiligen Antonius, und die Krönung schließlich zeigt das Wappen der Familie Anglés als Stifter des Altars sowie verschiedene Engelsfiguren und die theologischen Tugenden.

Zur Linken finden wir unter einem mit verschiedenen Wandmalereien ausgeschmückten Nischenbogen das aus dem mittleren 14. Jahrhundert stammende Grabmal von Ramón de Torrella († 1266), dem ersten Bischof von Mallorca, das den Verstorbenen in liegender Stellung zeigt.

Fronleichnamskapelle - Predella: Ecce-Homo.

Corpus-Christi-Kapelle. Altarfrontale - Hl. Eucharistie

Fronleichnamskapelle. Altaraufsatz aus der Barockzeit, Werk von Jaume Blanquer, 17. Jh.

Altaraufsatz des Heiligen Hieronymus, 16. Jh.

Mausoleum des Marqués de la Romana.

7. Hieronymuskapelle (Capilla de San Jerónimo)

Diese im 14. Jahrhundert angelegte Kapelle war ursprünglich der Heiligen Maria Magdalena geweiht, wurde im 16. Jahrhundert jedoch auf Betreiben des Domherrn und Humanisten Jeroni Garau, der diese Kapelle als Grabstätte für seine Familie wählte, dem Heiligen Hieronymus anvertraut.

Die typisch manieristische Retabel wurde zwischen 1593 und 1600 von Gaspar Oms geschaffen und ist dem Heiligen Hieronymus gewidmet. Sie umfaßt eine dreiteilige Predelle - auf der Mitteltafel Petrus auf dem Thron, rechts und links davon die Heiligen Quiteria und Bibiana -; einen großen, ebenfalls dreipassigen Zentralkörper mit der Skulptur des Heiligen Hieronymus, dem einerseits die Heiligen Lucia und Joseph und andererseits die Heiligen Katharina und Gerhard beigestellt sind; ein von Maria Magdalena beherrschter Aufsatz mit seitlichen Verkündigungsszenen; und einen breiten, giebelartigen Abschluß, auf dem der Heilige Hieronymus als Büßer erscheint.

An der linken Innenwand befinden sich verschiedene Grabplatten; rechts steht das große Mausoleum des Marqués de la Romana († 1811), eines Helden aus dem spanischen Unabhängigkeitskrieg. Schöpfer dieses klassizistischen Grabmals war der Katalane Josep Antoni Folch i Costa, der es im Jahr 1814 für das Santo-Domingo-Kloster in Palma anfertigte, nach dessen Abbruch es dann 1837 in die Kathedrale übernommen wurde. Auf dem als Relief ausgeführten Unterbau erscheint der Marqués bei der Abnahme des Fahneneids seiner Truppen, während ihn der Sarkophag dann liegend und der Tradition gemäß im Kreise seiner allegorisch dargestellten nächsten Verwandten zeigt.

Kapelle der Kreuzabnahme - Bischofsgruft Santa Cilia, 16. Jh., Urne, 17. Jh.

Malerei von Anckermann, 19. Jh.

8. Kapelle der Kreuzabnahme (Capilla del Descendimiento)

Diese ursprünglich der Heiligen Cäcilia geweihte Kapelle stammt aus dem 14. Jahrhundert und erfuhr 1739 eine tiefgreifende Umgestaltung.

In ihrem Zentrum steht ein unvollendet gebliebener Barockaltar aus der ersten Hälfte des 18. Jahrhundert, dessen Predelle mit dem Martyrium der Heiligen Cäcilia Guillem Mesquida, dem bedeutendsten mallorkinischen Maler des 18. Jahrhunderts, zugeschrieben wird. Den darüberliegenden Zentralkörper nimmt das im ausgehenden 19. Jahrhundert von Ricardo Anckerman geschaffene Gemälde der Kreuzabnahme ein, dem rechts und links die Figuren der Heiligen Raimund Nonnatus und Blasius bzw. Bruno und Johannes von Nepomuk beigestellt sind. Im Aufsatz erscheint in einem Ovalbild erneut eine von Guillem Mesquida geschaffene Heilige Cäcilia.

Rückseitig verbirgt das große Zentralgemälde den Santo Cristo del Descendimiento, eine mit gelenkig angebrachten Armen ausgestattete Christusfigur, die jedes Jahr während der Karfreitagsliturgie für die Darstellung der Kreuzabnahme herangezogen wird.

Linkerhand befindet sich das im ersten Drittel des 16. Jahrhunderts entstandene und 1817 restaurierte Grabmal des Bischofs Arnau Marí de Santacília (†1464), dessen frontseitig mit reichem Bogenwerk und Figurenschmuck versehene Sarkophag den Verstorbenen in liegender Stellung zeigt.

An der rechten Wand steht das neugotische Grabmal von Fra J. Font i Roig (†1613), das im Jahr 1900 von den Bildhauern Llinás geschaffen wurde.

Im Zentrum der Kapelle steht eine wunderschöne Silbermonstranz aus dem 17. Jahrhundert, die alljährlich bei der Gründonnerstagsliturgie Verwendung findet.

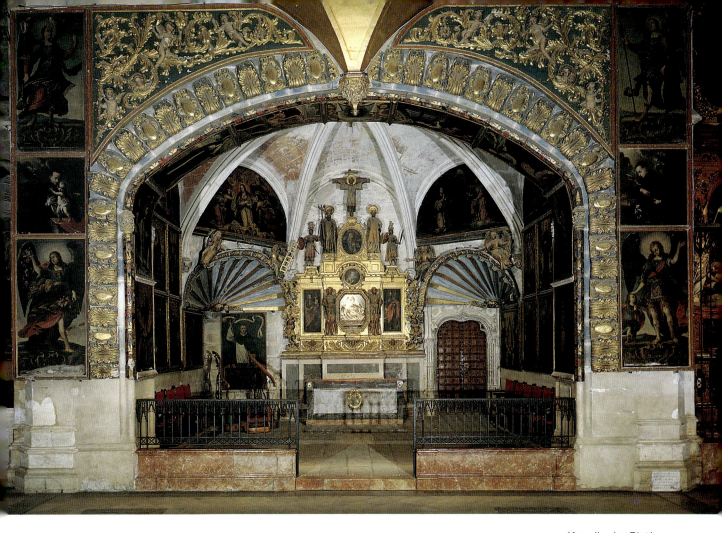

Kapelle der Pietà.

9. Kapelle der Pietà (Capilla de la Piedad)

Vor ihrer heutigen Advokation war diese ebenfalls aus dem 14. Jahrhundert stammende Kapelle bereits den verschiedensten Heiligen - Anna, Jakobus, Kosmas und Damian, Simeon und Judas - gewidmet. Auffallend ist ihr niedriges Radialgewölbe, das über einen skulptorisch reich verzierten Flachbogen zum Seitenschiff hin übergeht. An der Rückseite der Kapelle befinden sich zwei von einem geschweiften Spitzbogen überspannte Türen, von denen die rechte in den ehemaligen gotischen Kapitularsaal führt. Die Wände der Kapelle sind über und über mit mehr oder weniger bedeutenden Gemälden aus den verschiedensten Epochen bedeckt; die wohl wertvollsten Werke sind hierbei die Anfang des 18. Jahrhunderts entstandenen Darstellungen der Jungfrau von Lluc und der Jungfrau von Montserrat. Bemerkenswert ist ferner der kleine pyramidenförmige Barockaltar aus dem Jahr 1689 mit Basis, dreipassigem Mittelteil, Aufsatz und Abschluß. Unter einem kleinen Rundbild befindet sich in der nischenartigen Vertiefung des Mittelteils eine Steinskulptur der Pietà aus dem 15. Jahrhundert, die beidseits von Engeln der Leidensgeschichte Christi und in den Seitenflügeln dann von verschiedenen Gemälden flankiert wird. Im Mittelpunkt des Aufsatzes steht ein Ovalbild, umgeben von den auf zwei Ebenen verteilten Skulpturen der Heiligen Magín und Philipp Neri bzw. der als Krieger dargestellten Cabrit und Bassa, Helden und Märtyrer der Verteidigung des Königreichs Mallorca, die, um 1287 verstorben, unter diesem Altar begraben sind. Den Abschluß schließlich nimmt eine Darstellung des Heiligen Dominguito del Val ein.

Rechterhand befindet sich die in die Wand eingelassene Grabtafel des Architekten Guillem Sagrera und dessen Familie.

Über dieser Kapelle thront die sich zum Seitenschiff hin wendende Orgel der Kathedrale. Sie wurde 1795 von

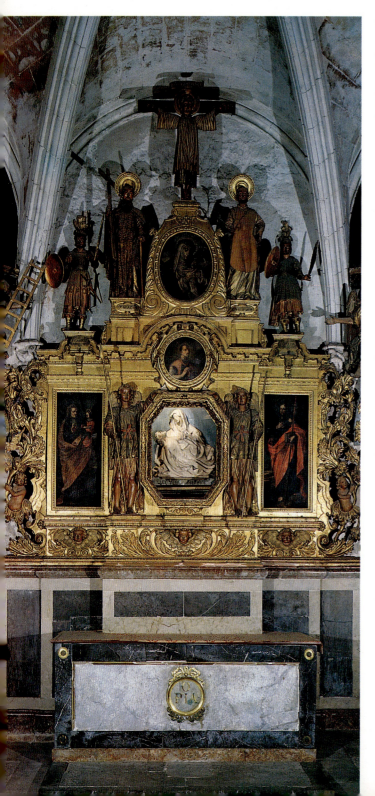

Gabriel Tomàs nach einem sich deutlich an die Gotik anlehnenden Entwurf von Pere Bosch angelegt, 1797 eingeweiht und 1926 umgebaut.

Mit dem Abschluß der vom Domkapitel in Auftrag gegebenen derzeitigen Restaurierung unter der Leitung des katalanischen Orgelbauers Gabriel Blancafort wird für 1993 gerechnet.

10. Atrium der früheren Vermells-Sakristei

Dieser aus dem 14. Jahrhundert stammende Raum war anfänglich der Heiligen Katharina und später dann Allerseelen geweiht, ist heute jedoch ohne Altar. Aufgrund seiner Korridorfunktion zwischen der Kathedrale und der ehemaligen Vermells-Sakristei im Untergeschoß des Glockenturms verläuft seine Achse im schrägen Winkel zu der des Mittelschiffs. Der im hinteren Bereich des Atriums gelegene Zugang zur Vermells-Sakristei selbst bietet sich uns in Form eines frühgotischen Torbogens mit vier Archivolten dar; sein Tympanon zeigt die Muttergottes mit dem Kind im Kreise kerzentragender Engel, wobei diese Fresken jedoch weitgehend von modernen Übermalungen verdeckt werden. Der Raum beherbergt verschiedene Grabdenkmäler, unter denen der den Verstorbenen liegend zeigende Sarkophag des Arnau de Torre († 1308) aus dem mittleren 14. Jahrhundert ganz besondere Beachtung verdient.

Das Atrium enthält ferner den Eingang zum früheren Chorraum im Mittelschiff, der durch die von Gaudí vorgenommene Neuordnung funktionslos geworden war. Dieser vom aragonesischen Künstler Juan de Salas 1526 geschaffene große Halbkreisbogen ist über und über mit typischen Renaissance-Motiven ausgeschmückt. In den Gewölbezwickeln erscheinen die Verkündigungsszene, im darüberliegenden Aufsatz Jesus mit den Schriftgelehrten und zu beiden Seiten die freistehenden Skulpturen der Apostel Petrus und Paulus.

11. Das Almoina-Portal

Dieses 1498 begonnene Portal trat an die Stelle der früheren Barbara-Kapelle.

Altaraufsatz der Pietà.

Kapelle des Heiligen Josef. Altaraufsatz des Bildhauers Galmés, 19. Jh..

Altarschmuck des Hauptaltars, Gold und Silber ziseliert

12. Josephskapelle (Capilla de San José)

Ursprünglich Allerseelen geweiht, war dies die erste Kreuzgangskapelle der Evangelienseite. Sie wurde 1886 restauriert, und im gleichen Jahr erfolgte dann auch die Einsegnung des neuen, von Guillem Galmés und Pere Llorens geschaffenen Altars neugotischer Prägung. Über einem Predellenrelief, das den Tod des Heiligen Joseph darstellt, erhebt sich der Zentralkörper mit der Figur des Schutzheiligen, flankiert von Theresia von Avila und Jakobus. 1991 kam es zu einer vollständigen Restaurierung dieser Kapelle, in deren Verlauf auch drei bislang verdeckte Fenster mit wunderschönen Glasmalereien freigelegt werden konnten.

Kapelle des Heiligen Josef, Basrelief mit der Darstellung seines Todes.

Hauptorgel.

Altarschmuck und Predella des Altars des Heiligen Sebastián.

13. Kapelle des Heiligen Sebastian (Capilla de San Sebastián)

Diese Kapelle ist dem römischen Märtyrer Sebastian, Palmas Schutzpatron, gewidmet. Das derzeitige Altarbild stammt aus der Zeit des Barocks und wurde 1711 von Francisco Herrera entworfen. Die endgültige Ausführung zog sich dann über die ganze erste Hälfte des 18. Jahrhunderts hin und oblag den Künstlern Mateu Juan und Juan Muntaner. Diese wunderschöne Altareinheit baut auf einer Predelle auf, die zentral den Heiligen Ignatius von Loyola und seitlich dann Cabrit und Bassa zeigt. Mittelpunkt des sich anschließenden Zentralkörpers ist eine 1757 aus Rom herbeigeschaffte Skulptur des Heiligen Sebastian, dem seitlich die Heiligen Barbara und Praxedis als weitere Schutzpatrone der Inselhauptstadt beigegeben sind. Auf dem vom Abschluß gekrönten Aufsatz schließlich finden sich Raimund Lullus und der Heilige Andreas von Avellino sowie Petrus Nolascus und Nikolaus von Tolentino.

Die mit Seide und Gold bestickte Altardecke aus rotem Samt ist ein Werk von Pere Ferrer und stammt aus dem Jahr 1550.

Eingelassen in den Kapellenboden finden wir die Grabplatte der Bruderschaft des Heiligen Sebastián.

Darstellung des Heiligen Sebastian, Schutzherr der Stadt.

Kapelle des Heiligen Sebastian, Cabrit i Bassa.

Kapelle des Heiligen Sebastian: die Heilige Praxedis und die Heilige Barbara

Altar und Tabernakel der Kapelle der Jungfrau Maria.

14. Kapelle der Jungfrau Maria (Capilla de la Purísima)

Diese aus dem 16. Jahrhundert stammende Kapelle war ursprünglich Allerheiligen gewidmet.
Der heutige, aus der Mitte des 18. Jahrhunderts stammende Barockaltar wird Juan de Aragón zugeschrieben und ist der Jungfrau Maria geweiht, seit 1643 Schutzpatronin der Insel Mallorca. Auf der aus marmoriertem Holz gefertigten Altarbasis liegt eine Reliefpredelle mit der Darstellung der Heiligen Joseph, Nikolaus von Bari, Pedro de Arbués und Johannes von Nepomuk auf. Die Altarnische des darüberliegenden Mittelteils wird von einer Statue der Heiligen Jungfrau eingenommen, und im abschließenden Reliefaufsatz erscheint unter dem Wappen des Stifters die Immaculata, flankiert von allegorischen Darstellungen der Reinheit. An den Wänden der Kapelle hängen vier Guillem Mesquida zugeschriebene Gemälde: die Heilige Familie, Johannes der Täufer, der Heilige Franziskus und Raimund Lullus.

15. Allerseelen-Kapelle (Capilla de las Animas)

Diese unter dem Entlastungsbogen an der Innenwand des Hauptwerks untergebrachte Kapelle ist neueren Datums und wird als Gebetsstätte erst seit 1894 genützt.
Das früher anderen Kapellen zugeordnete dreipassige Altarbild von Tomàs Torres zeigt in seinem Mittelteil die Gestalt Christi mit den Armen Seelen, der seitlich Gemälde der Seligen Gaspar de Bono und Ana de Jesús sowie der Heiligen Maria Magdalena de' Pazzi und Franz Régis beigestellt sind. Im Aufsatz erscheint das Heilige Antlitz, und der Abschluß stellt den Heiligen Hieronymus dar.

Kapelle der Jungfrau Maria. Darstellung der Jungfrau Maria.

Tabernakel.

Die Kapellen des Mirador-Schiffs

Im Epistelschiff - vom Presbyterium aus gesehen dem rechten - finden wir, von vorne nach hinten, die folgenden Kapellen:

16. Petrus-Kapelle (Capilla de San Pedro)

Diese ursprünglich dem Heiligen Vinzenz und ab dem 15. Jahrhundert dann dem Apostel Petrus geweihte Apsiskapelle stammt aus dem 14. Jahrhundert. Im Mittelpunkt des einteiligen, von den Bildhauern Rafel Marsal und Miquel Torres erbauten klassizistischen Altars steht ein großes, von Salvador Torres stammendes Gemälde. Die diesem beigegebenen seitlichen Bildwerke stellen Johannes den Täufer und den Heiligen Bruno dar, welche der katalanische Bildhauer Adrià Ferrà um 1812 zunächst für die Kirche des Klosters von Valldemossa geschaffen hatte, aus der sie dann nach Auflösung der Mönchsgemeinschaft 1840 in die Kathedrale übernommen wurden.

Neben verschiedenen, in den Boden eingelassenen Grabplatten birgt diese Kapelle auch zwei große Sarkophage: rechts das klassizistische Grabmal von Bernat Cotoner (†1684), links das neugotische Grab von Miquel Salvà (†1873). Am Fuß der Altarstufe befindet sich schließlich die Grabstätte der Familie von Joan Anglés, die durch eine mit der Jahreszahl 1607 gekennzeichnete schwere Steinplatte mit Bronzeverzierungen abgedeckt wird.

Kapelle des Petrus und des Heiligen Sakraments.

Johannes der Täufer und der Heilige Bruno.

Mausoleum des Bischofs Cotoner, 17. Jh. Grabstätte des Bischofs Salvá, 19. Jh.

Kapelle des Antonius von Padua.

17. Kapelle des Heiligen Antonius von Padua (Capilla de San Antonio de Padua)

Diese ursprünglich dem Heiligen Wilhelm gewidmete Kapelle stammt aus dem 14. Jahrhundert. An ihrem Bau war um 1441 auch Guillem Sagrera beteiligt, der damals zumindest die Bogenführung der Fenster und ein heute verschwundenes Weihwasserbecken schuf. Ehemals stand in dieser Kapelle ein dem Namensheiligen gewidmeter gotischer Altar, der jedoch 1716 entfernt wurde.

Die heutige Retabel - es handelt sich um eine große, einpassige Tafel mit einer ausgesprochen plastisch wirkenden Perspektivkonstruktion - stammt von Francisco Herrera, der diese zwischen 1714 und 1720 unter Mitarbeit des Bildhauers Miquel Cantallops schuf.

18. Kapelle Unserer Lieben Frau von der Krone (Capilla de Nuestra Señora de la Corona)

Kapelle aus dem 14. Jahrhundert, die zunächst der Passio Imaginis und später dann dem Rosenkranz geweiht war. Die architektonische Struktur des aus dem 17. Jahrhundert stammenden dreipassigen Barockaltars mit Predelle, großem Mittelteil, Aufsatz und Krönung ist von außerordentlicher Qualität und weist eine reiche Vielfalt der verschiedensten Zierelemente auf, darunter eine Reihe von Engelsfiguren, die die auf Leinwand gemalten bildlichen Darstellungen umrahmen.

Die Predelle zeigt den liegenden Christus, flankiert von Matthäus und der Heiligen Agnes. Im Zentrum die Mater Dolorosa, der auf der einen Seite neben dem Heiligen Telmus die Begegnung zwischen Franz von Assisi und dem

Mausoleum des Bischofs Galiana. 14. Jh.

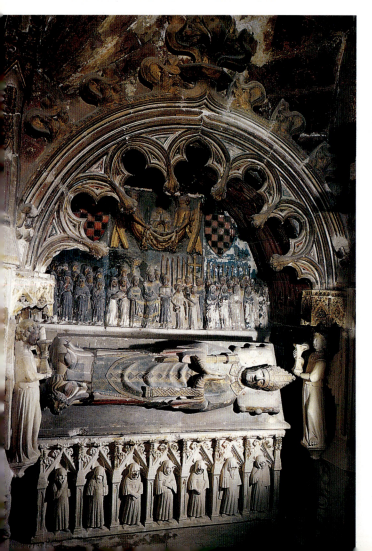

Heiligen Dominik und auf der anderen die Heiligen Wilhelm und Margareta beigegeben sind. Im Aufsatz die Kreuzigungsszene und in der Krönung Maria vom Rosenkranz mit den Heiligen Dominik und Katharina von Siena. Hinter dem Altar befindet sich links das Grabmal des Bischofs Galiana (†1375), das gemeinhin Pere Morey zugeschrieben wird. Dieser um das Jahr 1378 entstandene Sarkophag mit der liegenden Gestalt des Verstorbenen zeigt vorne eine Reihe von Klagenden, hinter denen der Leichenzug und die die Seele des Verstorbenen zum Himmel tragenden Engel sichtbar werden. Verschiedene im italienischen Stil gehaltene Gemälde ergänzen die bildliche Ausgestaltung dieser Baueinheit.

1992 kam es zu einer vollständigen Restaurierung dieser Kapelle, bei der vor allem auch drei große Fenster im Westwerk der Kathedrale neu aufgedeckt wurden.

19. Martinskapelle (Capilla de San Martín)

Ebenfalls aus dem 14. Jahrhundert stammende Kapelle. Der heutige Altar wurde um 1722-1723 von Francisco Herrera geschaffen und fällt durch seine kühn angelegte Perspektive auf. Über einer Predelle, deren mittlere Bildtafel die Predigt des Heiligen Vinzenz Ferrer zeigt, wird die Hauptnische des dreipassigen Mittelteils von der Figurengruppe eines berittenen Heiligen Martin mit dem Pilger eingenommen. Im Aufsatz stehen die Skulpturen von Petrus von Alcántara, flankiert von den Heiligen Thomas von Aquino und Bonaventura, und die Krönung des Altars schließlich bildet das Ovalbild der Jungfrau vom Berg Karmel.

Die schlafende Jungfrau, ruhende Figur, 15. Jh.

Sankt Bernhardskapelle.

20. Kapelle des Heiligen Bernhard (Capilla de San Bernardo)

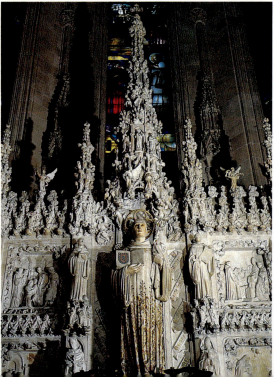

Diese im 14. Jahrhundert angelegte Kapelle brannte 1912 aus, wobei auch das ursprünglich von Francisco Herrera geschaffene Altarbild zerstört wurde. Die 1921 zum Abschluß gebrachten Restaurationsarbeiten unterstanden dem Architekten Joan Rubió, welcher auch den heutigen neuen Altar mit einer verschiedenpassigen Dreiteilung entwarf. Die plastische Ausgestaltung dieses neugotisch gehaltenen und teilweise vergoldeten Alabasteraltars oblag dem mallorkinischen Bildhauer Tomàs Vila. Den unteren Teil nehmen sechzehn Statuetten ein, die verschiedene Heiligenfiguren aus dem Zisterzienserorden darstellen. Hierauf aufbauend finden wir dann in dem von der Skulptur des Heiligen Bernhard beherrschten Mittelteil vier Flachreliefs mit Szenen aus dem Leben des Heiligen. Der dritte, mit reichem Schmuck- und Schnörkelwerk als Krönung des Altars ausgelegte Bereich wird von kleinen Engeln und verschiedenen Blumenmotiven geziert.

21. Innerer Bereich des Mirador-Portals

Hier befindet sich der wunderschöne Hauptaltar aus dem mittleren 14. Jahrhundert, ein von einem unbekannten Künstler geschaffenes Meisterwerk der gotischen Kunst. 1728 wurde er durch einen von Giuseppe Dardarone stammenden Barockaltar ersetzt, den Gaudí 1904 im Zuge seines Reformprojekts jedoch wieder entfernte, so daß uns heute an der Wand über dem Mirador-Portal erneut die original gotische Retabel entgegentritt.

Der obere der beiden Bildbereiche diente einst als Blendverkleidung zur Dreifaltigkeitskapelle hin. Der der Heiligen Jungfrau gewidmete Altar als solcher untergliedert sich dann in sieben Abschnitte. Während in den verschiedenen Predellenreliefs Szenen aus dem Leben Marias dargestellt sind, wurden die darüberliegenden Nischen ursprünglich von den heute an den Wänden des Presbyteriums aufgestellten gotischen Bildwerken (Johannes der Täufer, Johannes der Evangelist und Jakobus, Magdalena, Eulalia und Barbara) eingenommen, die sich um die große Zentralfigur der heute in der Dreifaltigkeitskapelle stehenden Jungfrau mit dem Kind scharten.

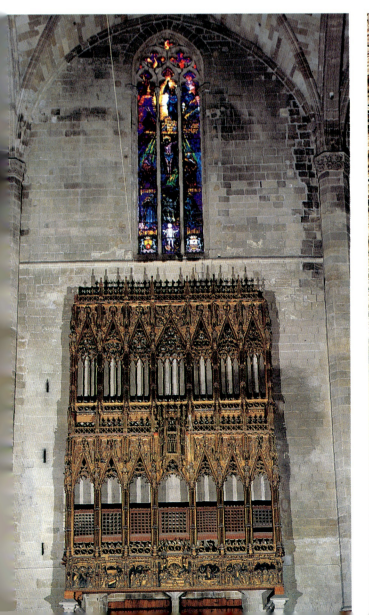

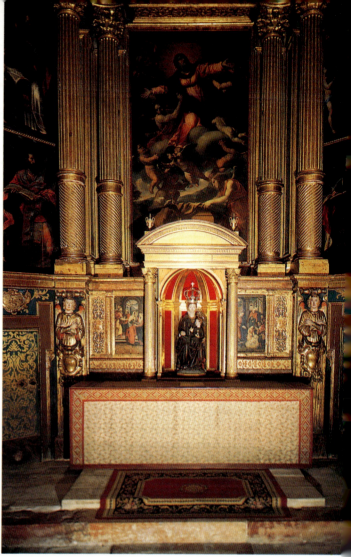

22. Kapelle Unserer Lieben Frau von der Stufe (Capilla de Nuestra Señora de la Grada)

Diese im 14. Jahrhundert erbaute Kapelle war einst vom mittelalterlichen Kreuzgang her über eine Treppenstufe - daher der Name - zu erreichen. Ursprünglich der Heiligen Ursula und später dann der Passio Imaginis geweiht, steht die Kapelle heute nun seit 1574 im Zeichen Mariä Himmelfahrt. Der heutige Altar stammt im wesentlichen aus der Zeit des Barocks (mittleres 17. Jahrhundert), wurde durch die verschiedenen Restaurations- und Erneuerungsarbeiten jedoch weitgehend verändert, so daß er gegenwärtig einen ausgesprochen eklektischen Eindruck vermittelt. Strukturmäßig untergliedert er sich in Predelle und Mittelteil (jeweils dreipassig), Aufsatz und Krönung.

Die mittlere Predellennische wird von der gotischen Skulptur Unserer Lieben Frau von der Stufe (Ende 13., Anfang 14. Jahrhundert) eingenommen, deren Original Ende des 16. Jahrhunderts durch den Austausch von Köpfen und Händen sowie durch eine neue Bemalung erheblich verändert wurde. Es ist anzunehmen, daß dies die erste Titularskulptur der Kathedrale von Mallorca war, die sich vor der Aufstellung des Mitte des 14. Jahrhunderts fertiggestellten gotischen Altars im Presbyterium befunden haben muß. Seitlich beigestellt sind dieser Figur zwei von Gaspar Oms im ausgehenden 16. Jahrhundert gemalte Szenen - Mariä Heimsuchung und Anbetung der Hirten -, die vermutlich von anderen Altären übernommen wurden. Den mittleren Altarbereich nehmen fünf im italienischen Stil gehaltene Gemälde ein: im Zentrum Mariä Himmelfahrt, flankiert von den Heiligen Athanasios und Johannes Chrysostomos bzw. Basilius und Hieronymus. Im Aufsatz erscheinen die Heiligen Joachim und Anna vor Gottvater.

Verwiesen werden sollte ferner auf die verschiedenen Grabplatten dieser Kapelle (aus dem 15., 16. und 17. Jahrhundert) sowie auf ein schönes schmiedeeisernes Gitter aus dem 16. Jahrhundert.

23. Herz-Jesu-Kapelle (Capilla del Corazón de Jesús)

Diese im 15. Jahrhundert erbaute Kreuzgangskapelle war ursprünglich dem Heiligen Schutzengel als Patron des Königreichs Mallorca gewidmet und wurde später dann dem Heiligen Vinzenz Ferrer anvertraut.

Der Entwurf des Altarbilds dürfte aus dem ausgehenden 17. Jahrhundert stammen, fertiggestellt wurde es allerdings erst im 18. Jahrhundert, und selbst im 19. Jahrhundert erfolgten noch verschiedene Abänderungen. Auf einem Sockel erhebt sich ein dreipassiges Altarbild, dessen Mittelnische von einer Herz-Jesu-Statue nach dem Geschmack des 19. Jahrhunderts eingenommen und seitlich durch zwei Gemälde von Ricardo Anckerman mit der Darstellung der Heiligen Silvester und Columba ergänzt wird. Das sich als Abschluß unterhalb der Krönung anschließende Gemälde zeigt den Heiligen Schutzengel.

In dieser Kapelle befinden sich ferner zwei Grabdenkmäler aus dem ausgehenden 15. Jahrhundert, in denen zwei fromme Anhänger von Raimundus Lullus ruhen: Beatriu de Pinós (†1486), deren aus Alabaster und Sandstein gehauener und teilweise noch bemalter Sarkophag die Verstorbene in liegender Stellung zeigt, und Pere Joan Llobet (†1460) mit einem mit geschweiften Spitzbögen verzierten Sandsteingrab.

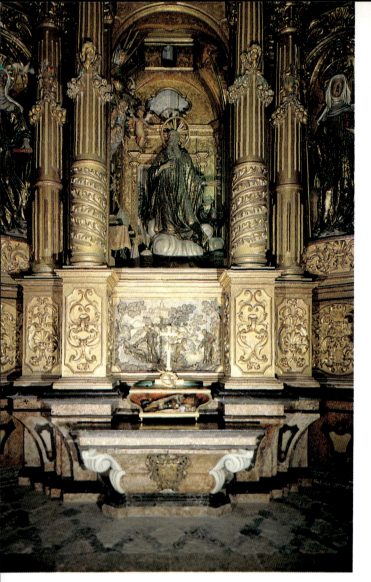

24. Kapelle des Heiligen Benedikt (Capilla de San Benito)

Ursprünglich war diese Kreuzgangskapelle Unserer Lieben Frau der Seefahrer geweiht. Das heutige Altarbild aus dem Spätbarock geht vermutlich auf Andreu Carbonell zurück und dürfte Mitte des 18. Jahrhunderts entstanden sein. Die verschiedenen Reliefs der Predelle zeigen Szenen aus dem Leben des Heiligen Benedikt. Im dreipassigen Mittelteil erscheint zentral die Gestalt des Titularheiligen, dem seitlich die Heiligen Scholastica und Gertrud beigegeben sind. Der sich anschließende Aufsatz zeigt unter der Krönung schließlich die holzgeschnitzte Statue der früheren Titularfigur Unserer Lieben Frau der Seefahrer, die in der rechten Hand ein Schiff hält. Über dem Altar befindet sich ein aus dem 19. Jahrhundert stammender Sarkophag, in dem der junge römische Märtyrer Vinzenz - in Mallorca liebevoll Sant Vicentet genannt - begraben liegt.

25. Taufkapelle (Baptisterio)

Die im ausgehenden 18. Jahrhundert vom Kapuzinermönch Fra Miquel de Petra entworfene Taufkapelle befindet sich unterhalb eines Entlastungsbogens am Hauptwerk und entspricht klassizistischen Stilvorstellungen. Durch Pfeiler und Kranzgesimse aus Marmor wird der Raum deutlich in zwei Abschnitte unterteilt, wobei die Wandmalereien des oberen Bereichs ganz bewußt mit einem Trompe-l'œil-Effekt spielen. In den beiden unteren Bereichen stellen verschiedene valencianische Gemälde das Thema der Taufe dar. Zum einen finden wir so die von L. A. Planes geschaffene Taufe Christi, der links J. Camaróns Taufe des Cornelius durch Petrus und rechts J. Vergaras Taufe des Chlodwig beigegeben sind; zum anderen stellen drei kreisförmige Allegorien die drei Stadien der Seele dar.

Im Mittelpunkt des Baptisteriums steht das reich mit Gir-

Monstranz, Werk der Goldschmiede José Nicolau und Joaquín Bonnin, 1585-1820.

landen und vergoldeten Bronzebeschlägen verzierte ovale Taufbecken mit dem Lamm Gottes, das von einem unbekannten Künstler in einem Stück aus mallorkinischem Solleric-Stein gehauen wurde.

Das Kapitularmuseum**

26. Casa de la Almoina

Dieses unmittelbar an den Glockenturm der Kathedrale anschließende gotische Gebäude stammt aus dem 16. Jahrhundert - an der Fassade ist deutlich die Jahreszahl 1529 zu erkennen - und wurde von einem unbekannten Schüler oder Nachfolger des Architekten Guillem Sagrera, möglicherweise sogar von dessen Sohn Francesc, erbaut. Es ist Sitz der "Pia Almoina", einer Wohltätigkeitsstiftung, die sich unter der Schirmherrschaft des Domkapitels Armen, Kranken und Bedürftigen annimmt.

Das mit weitgehend zerstörten Mudéjar-Wandmalereien aus dem 15. Jahrhundert ausgestattete Erdgeschoß wird gegenwärtig als Eingangshalle zum Kapitularmuseum genutzt.

Tragbarer Altar Jaume I, Diptychon aus Holz und Silber aus der Mitte des 13. Jh.

Chorportal, Zugang zur alten Sakristei von «Vermells»

27. Alte Vermells-Sakristei

Diese ehemalige Sakristei befindet sich im Erdgeschoß des aus dem ersten Drittel des 14. Jahrhunderts stammenden Glockenturms. Unter einem teilweise noch farblich ausgestalteten Kreuzgewölbe mit reich verzierten Kragsteinen und einem das Lamm Gottes darstellenden Schlußstein werden in diesem Raum des Kapitularmuseums heute Kunstschätze aus dem Mittelalter gezeigt. Unter anderem finden sich hier die folgenden Werke:

- Josep, Nicolau und Joaquim Bonnín. Große Monstranz. Vergoldetes Silber. 1785-1820.
- Guillem Sagrera? Muttergottes der Mittelsäule des Mirador-Portals. Um 1420.
- Grabplatte des Joan Font. 1516.
- Grabplatte des Nicolau Rossell. Um 1417.
- Dinant-Teller. Messing. 15. Jahrhundert.
- Arabische Schatulle aus Palermo. Holz und Elfenbein. 12. Jahrhundert.
- Eucharistie-Schatulle aus Limoges. Vergoldetes Silber mit Emaileinlagen. 14. Jahrhundert.
- Jüdisches Paar. Silber. Aus der Synagoge von Cammerata, Sizilien. 14. Jahrhundert, später umgearbeitet.
- Trag-Altar Jaume I. Diptychon. Holz und Silber. Mitte des 13. Jahrhunderts.
- Reliquienschrein der Gewänder Jesu und Mariä. Silber. 15. und 16. Jahrhundert.
- Kelch und Patene. Vergoldetes Silber. 14. Jahrhundert.
- Reliquienschrein des Heiligen Sebastian. Vergoldetes Silber mit Emaileinlagen. 14. Jahrhundert.
- Wappen und Schilder des Hauses Maxella. Polychromes Holz. 16. Jahrhundert.
- Reliquienschrein des Heiligen Dorns. Silber. 1546.
- Fragment verschiedener Mudéjar-Verzierungen des früheren Corredor dels Ciris. 14. Jahrhundert.
- Unbekannt. Verkündigungsszene. Polychromer Marmor. 14. Jahrhundert.

Jüdisches Paar.

28. Alter gotischer Kapitularsaal

Dieser trapezförmig angelegte Saal mit einem eleganten Kreuzgewölbe wird Guillem Sagrera zugeschrieben und stammt ungefähr aus dem Jahr 1425.

Im Mittelpunkt dieses Raums befindet sich das Grabmal von Gil Sancho Muñoz (†1447), dem Nachfolger des Gegenpapstes Benedikt XIII., der nach der Ernennung zum Bischof von Mallorca auf sein Pontifikat verzichtete. Das kleine Mausoleum stammt aus der Mitte des 16. Jahrhunderts und umfaßt einen großen Sockel, dessen vier Löwen das eigentliche Grab tragen.

In Übereinstimmung mit der allgemeinen Systematik des Kapitularmuseums ist dieser Saal vor allem der gotischen Malerei vorbehalten. Nachstehend eine kurze Zusammenfassung der im einzelnen ausgestellten Objekte mit dem Namen des Künstlers, dem Titel bzw. Thema des Werks sowie seiner Entstehungszeit (jeweils von rechts nach links):

- Alonso de Sedano. Altarbild des Heiligen Sebastian. 1486.
- Joan Loert? Altarbild des Heiligen Silvester. 1325-1350.
- Meister des Apostels Matthäus. Altarbild des Apostels Matthäus und des Heiligen Franz von Assisi. Um 1377.
- Jordi Dent. Privilegientruhe der Bruderschaft der Heiligen Petrus und Bernhard. Um 1493.
- Joan Desí. Almosentafel. Um 1500.
- Meister von Monti-sion. Kreuzigung. 1406.
- Meister von Monti-sion. Gnadenmutter. 1406.
- Rafael Mòger. Heilige Margareta. Um 1460.
- Unbekannt. Grabmal des Fra Pere Bennàsser. Um 1350.
- Meister des Bischofs Galiana. Predellentafel der Heiligen Helena und Wilhelm. Um 1372.
- Unbekannt. Predigt des Heiligen Vinzenz Ferrer. Um 1550.
- Pere Terrenchs? Verkündigung. Um 1490.
- Joan Loert? Altarbild der Heiligen Eulalia. 1332-1349.

29. Barocker Kapitularsaal

Hier befinden wir uns in einem barocken Versammlungssaal mit einem reich ausgeschmückten Portal, dessen Tympanon ein Darstellung der Heiligigen Jungfrau im Kreise von Engeln (um 1700) zeigt. Auf dem darüberliegenden Bogen erheben sich die 1798 entstandenen Allegorien des Glaubens, der Hoffnung und der Barmherzigkeit. Die sich über diesen elliptischen Raum auftuende Kuppel unterteilt sich in acht unabhängige Bereiche, die in einem wahren horror vacui durchweg mit überreichem Blumenschmuck versehen sind. Der Saal wurde 1696 entworfen und 1701 fertiggestellt.

In diesem Kapitularsaal befinden sich unter anderem die folgenden Kunstwerke:

- Jordi Carbonell. Vier Evangelistenmäntel aus rotem Samt mit Seiden- und Goldstickereien. 18. Jahrhundert.
- Joan Roig und Joan Matons. Zwei siebenarmige Kandelaber. Silber. 1703-1718.
- Kruzifix. Elfenbein. 18. Jahrhundert.
- Kruzifix. Elfenbein. 1652.
- Reliquienschrein aus vergoldetem Silber. 14. Jahrhundert. Eingefügtes Gemälde mit der Darstellung des wahren Antlitzes Christi und Mariä. Zweite Hälfte des 15. Jahrhunderts.
- Josep Bonnín. Silberkelch. 1819.
- Paxtafel. Silber und Elfenbein. 15. und 16. Jahrhundert.
- Reliquienstatue des Heiligen Vinzenz Ferrer. Silber. 1596.
- Reliquienstatue des Heiligen Kreuzes mit Ecce Homo. Silber. 1745.
- Reliquienschrein des Heiligen Kreuzes. 15. Jahrhundert, vielfach restauriert und umgestaltet.
- Reliquienstatue des Heiligen Petrus. Silber. 1749.
- Taufbecken und Salbgefäß. Gold. 1790.
- Nicolau Bonnín. Kleine Monstranz. 1786.
- Heiliger Ludwig von Gonzaga. Silber. Um 1772.
- Heiliger Joseph. Silber. 18. Jahrhundert.

Schlußstein des Gewölbes mit dem Wappen des Cabildo.

Portal, Eingang zum Kapitelsaal aus der Barockzeit.

Kelch aus der Barockzeit, vergoldetes Silver.

Reliquie der Vera Cruz, vergoldetes Silber, 15. Jh.

Siebenarmiger Kandelaber, Silber, Joan Roig - Joan Matons, Anfang des 18. Jh.

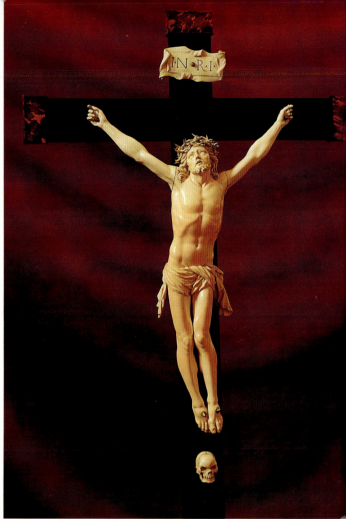

Teil des Silber-Kandelabers, Joan Roig - Joan Matons, Anfang des 18. Jh.

Kruzifix aus Marmor, 18. Jh.

Islamische Schatulle, Holz und Marmor, 12. Jh.

Reliquienschrein, Silber, 1546.

Reliquie des Heiligen Sebastian, vergoldetes Silber mit Emaille, 14. Jh.

Figur des Heiligen Petrus, Silber, 1749.

30. Kreuzgang

Auf dem Gelände des früheren Kapitulargartens und verschiedener benachbarter Grundstücke wurde 1707 der heutige Kreuzgang errichtet. Dieser um eine zentrale Zisterne mit einer einfachen Brunnenbrüstung angelegte rechteckige Hof wird von gewölbten Bogengängen umschlossen - einer hiervon mit einem durch zwei Halbkreisbögen gebildeten Obergeschoß -, deren Decke in der Art eines Kreuzgewölbes ausgestaltet wurde.
An den Wänden des Kreuzgangs werden die verschiedensten, heute nicht mehr genutzten Fragmente aus früheren Abschnitten des Dombaus gezeigt.

Kreuzgang der Kathedrale, Gesamtansicht.

31. Saal der Heiligen Lucia (Sala de Santa Lucía)

Dieser heute als Ausgang des Kapitularmuseums genutzte Bereich ergab sich aus dem Ankauf und der Restaurierung verschiedener anrainender Anwesen und ist das letzte der Kathedrale angeschlossene Gebäude.
Bei den Arbeiten zur Erneuerung dieser Räumlichkeiten stieß man auf Reste der römischen Stadtanlage aus dem 1. Jahrhundert v. Chr. Freigelegt wurde hierbei ein größerer gepflasterter Bereich - vermutlich ein Straßenzug - mit drei großen Plinthen, der nun heute neben verschiedenen anderen archäologischen Fundstücken - darunter eine Bronzehand, zahlreiche Keramiken usw. - in diesem Saal besichtigt werden kann.
Der Raum birgt ferner die berühmte Wandteppichsammlung der Kathedrale, verschiedene Kultgegenstände und liturgisches Gerät sowie das Gemälde der Heiligen Dreifaltigkeit aus dem 16. Jahrhundert, das dem Königsmausoleum des Presbyteriums einst seinen Namen gab.

Pluviale, mit Gold bestickt.

Dalmatika, wertvolle alte Stoffe, 16. Jh.

Römisches Forum unter dem Kreuzgang gelegen.

Holzkruzifix, Hauptsakristei.

Sammlung flämischer Wandteppiche

Die Kathedrale von Mallorca besitzt eine beeindruckende Sammlung flämischer Wandteppiche aus dem 16. Jahrhundert, in deren Besitz sie durch das Legat des 1607 verstorbenen Domherrn und Humanisten Jeroni Garau kam. Insgesamt handelt es sich um dreizehn wunderschöne Teppiche, die im allgemeinen die Kapellen der Stirnseite schmücken und von ihrem Thema her wie folgt zusammengefaßt werden können:

- Die Geschichte Jakobs; vier Teppiche.
- Die Geschichte des Nebukadnezar; fünf Teppiche.
- Die Geschichte des Tobias; drei Teppiche.
- Ein themenmäßig unabhängiger Teppich.

Die aus Wolle und Seide gewebten Teppiche stammen aus Arras, sind mit "Belgien" und "Brüssel" markiert und wurden im zweiten Drittel des 16. Jahrhunderts angefertigt. Nach Paulina Junquera muß der Kartenschläger ein Maler des niederländischen Romanismus aus der Schule von Bernard van Arley gewesen sein.

Figurengruppe der Entschlafung Mariä

Dieses Bild der liegenden Muttergottes aus dem 15. Jahrhundert wird aus Anlaß der Prozession zu Mariä Himmelfahrt auf einem reich geschmückten Barockpodest mit dem Wappen der Familie Belloto (1671) in der Kathedrale aufgestellt. Vier Engel natürlicher Größe halten hierbei die Stützen des aus Seide gewebten Baldachins. Die Feierlichkeiten zu Mariä Himmelfahrt stehen in enger Beziehung zu den mittelalterlichen Sakramentsspielen, zu denen unter anderem auch das berühmte Mysterium von Elche gehört, das in der Provinz Valencia auch heute noch aufgeführt

Figur der schlafenden Jungfrau, 15. Jh.

wird. Gegenwärtig steht diese Figurengruppe in der Kapelle Unserer Lieben Frau der Krone.

Von Gaudí entworfenes liturgisches Gerät

Zusätzlich zu seiner architektonischen Arbeit im Zusammenhang mit der Umgestaltung der Kathedrale von Mallorca entwarf Gaudí auch diverses liturgisches Gerät. Diese durchweg im reinsten Jugendstil ausgeführten Gegenstände sind von außerordentlichem Interesse und befinden sich heute verteilt auf die verschiedensten Bereiche der Kathedrale. Ganz besonders hingewiesen werden sollte auf die folgenden Objekte:

- Eine mit rotem Samt bezogene klappbare Altarleiter aus Holz und Metall, die als Zugang zum Tabernakel dient.
- Ein Tabernakelvorhang in Gestalt eines gestreiften Tuchs an einer mit Kreuz und Erdkugel geschmückten Stange, umgeben von einer Metallkrone aus ineinander verschlungenen Zweigen.
- Eine bronzene Sakramentsglocke, bestehend aus einem an einer Holzstange befestigten Hohlkörper mit aufgesetzter Sonne, auf den von außen her ein kleiner Klöppelhammer einwirkt, wodurch sich ein kristallenes, weithin hörbares und durchdringendes Läuten ergibt.

* Die der Beschreibung der einzelnen Räumlichkeiten und Kapellen zugeordnete Numerierung entspricht dem innen am Eingang der Kathedrale ausgehängten Lageplan.

** In dieses Kapitel wurden alle beweglichen Kunstwerke einbezogen, die sich mehr oder weniger permanent in den einzelnen Räumlichkeiten befinden. Aufgrund ihrer Bedeutung werden daneben auch verschiedene nicht permanent ausgestellte Werke verzeichnet.

Antonio Gaudí, Treppe und Lampe für liturgische Zwecke, 20. Jh.

Tintinabolum von Gaudí

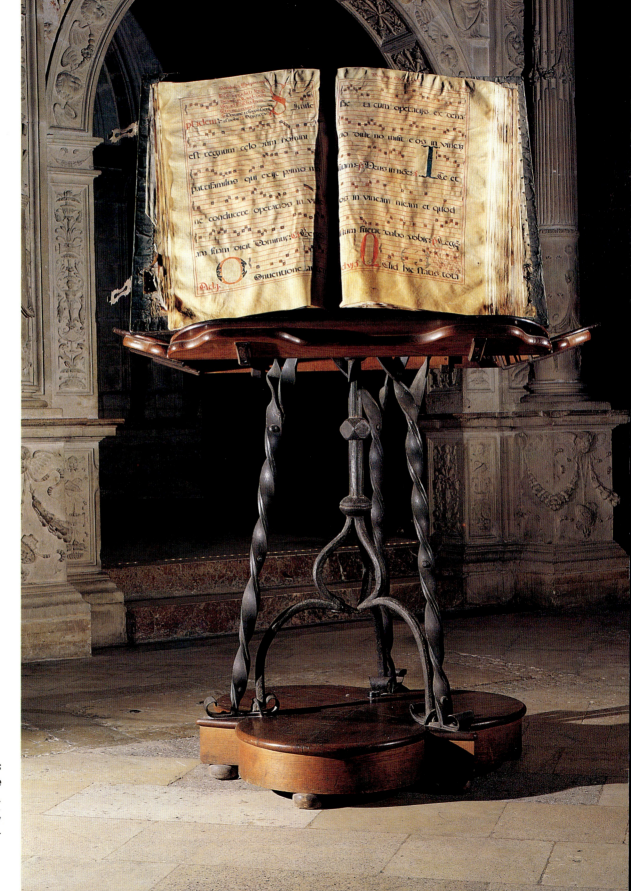

Chorpult aus Schmiedeeise und Holz. Antoni Gaudí, 20. Jh.

WICHTIGE BIBLIOGRAPHISCHE HINWEISE

ADAMS CRAM, R.: The cathedral of Palma de Mallorca. An architectural study. Cambridge, Mass. 1932.
CANTARELLAS CAMPS, C.: La intervención del arquitecto Peyronnet en la Catedral de Palma. "Mayurqa" 14 (1975) 185-213
COLL TOMAS, B.: Catedral de Mallorca. Pintura gótica. Palma. 1975
Catedral de Mallorca. Palma. 1977.
DOMENGE I MESQUIDA, J.: L'argenteria sacra a les església de Mallorca (segles XIX-XVI). Palma. 1991.
DURLIAT, M.: Le portail du Mirador de la cathédrale de Palma de Majorque. "Pallas" (Toulouse. 1960).
L'Art en el Regne de Mallorca. Palma. 1964.
FURIO, V.: La Catedral de Palma de Mallorca. Guía gráfica. Palma. 1948.
HABSBURG, L. S. von: Die Balearen in Wort und Bild geschildert. 9 vol. Leipzig. 1886-1890.
JOVELLANOS, G. M.: Carta histórico-artística sobre el edificio de la Iglesia Catedral de Palma de Mallorca. Palma. 1832.
JUNQUERA, P.: Los tapices de la Catedral de Palma de Mallorca. "Reales Sitios" 73 (1982) 11-16
LAVEDAN, P.: L'Architecture gothique religieuse en Catalogne, Valence et Baléares. París. 1935.
LLOMPART, G.: La pintura medieval mallorquina. Su entorno cultural y su iconografía. 4 vol. Palma. 1977-1980.
MATHEU MULET, A.: La Capilla Real. Palma. 1954.
Guías de la Seo de Mallorca. Estampas de la Catedral. Palma. 1954.
Guías de la Seo de Mallorca. Capillas y retablos. Palma. 1955.
Guías de la Seo de Mallorca. Museos de la Catedral. Palma.1955
Guías de la Seo de Mallorca. Capillas Claustrales. Palma. 1956.
Palma de Mallorca Monumental. Madrid. 1958.
MIRALLES, J.: Catálogo del Archivo Capitular de Mallorca. 3 vol. Palma. 1936.
MIRALLES SBERT, J.: Las Reliquias y relicarios de la catedral de Mallorca. Palma. 1961.
PIFERRER, P. Y QUADRADO, J. M.: España. Sus monumentos y artes. Su naturaleza e historia. Islas Baleares. Barcelona. 1888.
QUETGLAS, J.: A. Gaudí i J. M. Jujol a la Seu. "D'A" 1 (1989) 40-71
ROTGER, M.: Restauración de la Catedral de Mallorca. Palma. 1907.
SAGRISTA, E.: Gaudí en la Catedral de Mallorca. Castellón de la Plana. 1962.
SEBASTIAN, S.: El programa simbólico de la Catedral de Palma. "Mayurqa" 1 (1969) 3-18
SEBASTIAN LOPEZ, S. Y ALONSO FERNÁNDEZ, A.: Arquitectura mallorquina moderna y contemporánea. Palma. 1973.
VERRIE, F.-P.: Mallorca. Guías artísticas de España. Barcelona. 1948.
VILLANUEVA, J.: Viaje literario a las Iglesias de España. Viaje a Mallorca. Tomo 21. Madrid. 1851.

Reihe GANZ EUROPA

#	Titel	Spanisch	Französisch	Englisch	Deutsch	Italienisch	Katalanisch	Niederländisch	Schwedisch	Portugiesisch	Japanisch	Finnisch
1	ANDORRA	•	•	•	•	•	•					
2	LISSABON	•	•	•	•	•				•		
3	LONDON	•	•	•	•	•					•	
4	BRÜGGE	•	•	•	•	•		•				
5	PARIS	•	•	•	•	•					•	
6	MONACO	•	•	•	•	•						
7	WIEN	•	•	•	•	•						
11	VERDUN	•	•	•	•			•				
12	DER TOWER VON LONDON	•	•	•	•	•						
13	ANTWERPEN	•	•	•	•	•		•				
14	WESTMINSTER-ABTEI	•	•	•	•							
15	SPANISCHE REITSCHULE IN WIEN	•	•	•	•							
16	FATIMA	•	•	•	•	•				•		
17	DAS SCHLOSS WINDSOR	•	•	•	•	•			•			
19	COTE D'AZUR	•	•	•	•	•						
22	BRÜSSEL	•	•	•	•	•		•				
23	SCHÖNBRUNN-PALAST	•	•	•	•	•		•				
24	ROUTE DES PORTWEINS	•	•	•	•	•				•		
26	HOFBURG-PALAST	•	•	•	•							
27	ELSASS	•	•	•	•	•		•				
31	MALTA			•	•	•						
32	PERPIGNAN		•									
33	STRASBURG	•	•	•	•	•						
34	MADEIRA + PORTO SANTO		•	•	•					•		
35	CERDAGNE - CAPCIR		•			•						
36	BERLIN	•	•	•	•	•						

Reihe KUNST IN SPANIEN

#	Titel	Spanisch	Französisch	Englisch	Deutsch	Italienisch	Katalanisch	Niederländisch	Schwedisch	Portugiesisch	Japanisch	Finnisch
1	PALAU DE LA MUSICA CATALANA	•		•		•				•		
2	GAUDI	•	•	•	•	•				•		
3	PRADO-MUSEUM I (Spanische Malerei)	•	•	•	•	•				•		
4	PRADO-MUSEUM II (Ausländische Malerei)	•	•	•	•	•						
5	KLOSTER VON GUADALUPE	•										
6	DIE XAVIER-BURG	•	•	•	•	•						
7	MUSEUM DER SCHÖNEN KÜNSTE VON SEVILLA	•	•	•	•	•	•					
8	SPANISCHE BURGEN	•	•	•	•							
9	SPANISCHE KATHEDRALEN	•	•	•	•							
10	DIE KATHEDRALE VON GERONA	•	•	•	•							
14	PICASSO	•	•	•	•	•				•		
15	REALES ALCAZARES (KÖNIGLICHER PALAST VON SEVILLA)	•	•	•	•	•						
16	KÖNIGSPALAST VON MADRID	•	•	•	•	•						
17	KÖNIGLICHES KLOSTER VON EL ESCORIAL	•	•	•	•	•						
18	WEINE KATALONIENS	•										
19	DIE ALHAMBRA UND DER GENERALIFE	•	•	•	•	•						
20	GRANADA UND DIE ALHAMBRA	•										
21	KÖNIGLICHER SITZ VON ARANJUEZ	•	•	•	•	•						
22	KÖNIGLICHER SITZ VON EL PARDO	•	•	•	•	•						
23	KÖNIGLICHE HÄUSER	•	•	•	•	•						
24	KÖNIGSPALAST SAN ILDEFONSO	•	•	•	•	•						
25	SANTA CRUZ IM TAL DER GEFALLENE	•	•	•	•	•						
26	PILAR-BASILIKA VON SARAGOSSA	•	•	•	•	•						
27	TEMPLE DE LA SAGRADA FAMILIA	•	•	•	•	•	•					
28	ABTEI VON POBLET	•	•	•	•	•						
29	DIE KATHEDRALE VON MALLORCA	•	•	•	•	•						

Reihe GANZ SPANIEN

#	Titel	Spanisch	Französisch	Englisch	Deutsch	Italienisch	Katalanisch	Niederländisch	Schwedisch	Portugiesisch	Japanisch	Finnisch
1	GANZ MADRID	•	•	•	•	•					•	
2	GANZ BARCELONA	•	•	•	•	•	•					
3	GANZ SEVILLA	•	•	•	•	•					•	
4	GANZ MALLORCA	•	•	•	•	•						
5	DIE GANZE COSTA BRAVA	•	•	•	•	•						
6	GANZ MALAGA und die Costa del Sol	•	•	•	•	•			•			
7	DIE GANZEN KANARISCHEN INSELN I (Gran Canaria)	•	•	•	•	•			•	•		
8	GANZ CORDOBA	•	•	•	•	•					•	
9	GANZ GRANADA	•	•	•	•	•						
10	GANZ VALENCIA	•	•	•	•	•						
11	GANZ TOLEDO	•	•	•	•	•					•	
12	GANZ SANTIAGO	•	•	•	•	•						
13	GANZ IBIZA und Formentera	•	•	•	•	•						
14	GANZ CADIZ und die Costa de la Luz	•	•	•	•	•						
15	GANZ MONTSERRAT	•	•	•	•	•	•					
16	GANZ SANTANDER und Cantabria	•		•								
17	DIE GANZEN KANARISCHEN INSELN II (Tenerife)	•	•	•	•	•			•	•		•
20	GANZ BURGOS	•	•	•	•	•						
21	GANZ ALICANTE und die Costa Blanca	•	•	•	•	•						
22	GANZ NAVARRA	•	•	•	•	•						
23	GANZ LERIDA	•	•	•	•	•	•					
24	GANZ SEGOVIA	•	•	•	•	•						
25	GANZ SARAGOSSA	•	•	•	•	•						
26	GANZ SALAMANCA	•	•	•	•	•					•	
27	GANZ AVILA	•	•	•	•	•						
28	GANZ MENORCA	•	•	•	•	•						
29	GANZ SAN SEBASTIAN und Guipúzcoa	•										
30	GANZ ASTURIEN		•		•							
31	GANZ LA CORUÑA und die Rías Altas	•	•	•	•							
32	GANZ TARRAGONA	•	•	•	•	•						
33	GANZ MURCIA	•	•	•	•							
34	GANZ VALLADOLID	•	•	•	•							
35	GANZ GIRONA	•	•	•	•							
36	GANZ HUESCA	•	•	•	•							
37	GANZ JAEN	•	•	•	•							
38	GANZ ALMERIA	•	•	•	•							
40	GANZ CUENCA	•	•	•	•							
41	GANZ LEON	•	•	•	•							
42	GANZ PONTEVEDRA, VIGO und die Rías Bajas	•	•	•	•							
43	GANZ RONDA	•	•	•	•	•						
44	GANZ SORIA	•	•	•	•							
46	GANZ EXTREMADURA	•										
47	GANZ ANDALUSIEN	•	•	•	•	•						
52	GANZ MORELLA	•	•	•	•	•						

Reihe GANZ AMERIKA

#	Titel	Spanisch	Französisch	Englisch	Deutsch	Italienisch	Katalanisch	Niederländisch	Schwedisch	Portugiesisch	Japanisch	Finnisch
1	PUERTO RICO	•		•								
2	SANTO DOMINGO	•		•								
3	QUEBEC			•	•							
4	COSTA RICA	•		•								
5	CARACAS	•		•								

Reihe GANZ AFRIKA

#	Titel	Spanisch	Französisch	Englisch	Deutsch	Italienisch	Katalanisch	Niederländisch	Schwedisch	Portugiesisch	Japanisch	Finnisch
1	MAROKKO	•	•	•	•	•						
2	DER SUDEN MAROKKOS	•	•	•	•	•						
3	TUNESIEN		•	•	•	•						
4	RWANDA		•									

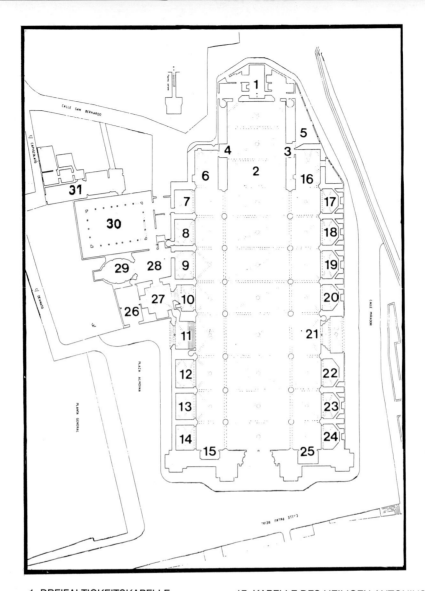

1. DREIFALTIGKEITSKAPELLE
2. KÖNIGSKAPELLE
3. VERKÜNDIGUNGSKAPELLE
4. KAPELLE DER HEILIGEN EULALIA
5. FORANA-SAKRISTEI
6. FRONLEICHNAMSKAPELLE
7. HIERONYMUSKAPELLE
8. KAPELLE DER KREUZABNAHME
9. KAPELLE DER PIETÀ
10. ATRIUM DER VERMELLS-SAKRISTEI
11. ALMOINA-PORTAL
12. JOSEPHSKAPELLE
13. KAPELLE DES HEILIGEN SEBASTIAN
14. KAPELLE DER JUNGFRAU MARIA
15. ALLERSEELEN-KAPELLE
16. PETRUS-KAPELLE
17. KAPELLE DES HEILIGEN ANTONIUS
18. KAPELLE UNSERER LIEBEN FRAU VON DER KRONE
19. MARTINSKAPELLE
20. KAPELLE DES HEILIGEN BERNHARD
21. INNERER BEREICH DES MIRADOR-PORTALS
22. KAPELLE UNSERER LIEBEN FRAU VON DER STUFE
23. HERZ-JESU-KAPELLE
24. KAPELLE DES HEILIGEN BENEDIKT
25. TAUFKAPELLE
26. CASA DE LA ALMOINA
27. VERMELLS-SAKRISTEI
28. ALTER KAPITULARSAAL
29. KAPITULARSAAL
30. KREUZGANG
31. SAAL DER HEILIGEN LUCIA